CONTROLE EXTERNO CONTEMPORÂNEO

REFLEXÕES, DEBATES E POLÊMICAS SOBRE O FUTURO DOS TRIBUNAIS DE CONTAS NO ESTADO DEMOCRÁTICO

LUIZ HENRIQUE LIMA

CONTROLE EXTERNO CONTEMPORÂNEO

REFLEXÕES, DEBATES E POLÊMICAS SOBRE O FUTURO DOS TRIBUNAIS DE CONTAS NO ESTADO DEMOCRÁTICO

Belo Horizonte

FÓRUM

CONHECIMENTO JURÍDICO

2021

© 2021 Editora Fórum Ltda.

É proibida a reprodução total ou parcial desta obra, por qualquer meio eletrônico,
inclusive por processos xerográficos, sem autorização expressa do Editor.

Conselho Editorial

Adilson Abreu Dallari
Alécia Paolucci Nogueira Bicalho
Alexandre Coutinho Pagliarini
André Ramos Tavares
Carlos Ayres Britto
Carlos Mário da Silva Velloso
Cármen Lúcia Antunes Rocha
Cesar Augusto Guimarães Pereira
Clovis Beznos
Cristiana Fortini
Dinorá Adelaide Musetti Grotti
Diogo de Figueiredo Moreira Neto (in memoriam)
Egon Bockmann Moreira
Emerson Gabardo
Fabrício Motta
Fernando Rossi
Flávio Henrique Unes Pereira

Floriano de Azevedo Marques Neto
Gustavo Justino de Oliveira
Inês Virgínia Prado Soares
Jorge Ulisses Jacoby Fernandes
Juarez Freitas
Luciano Ferraz
Lúcio Delfino
Marcia Carla Pereira Ribeiro
Márcio Cammarosano
Marcos Ehrhardt Jr.
Maria Sylvia Zanella Di Pietro
Ney José de Freitas
Oswaldo Othon de Pontes Saraiva Filho
Paulo Modesto
Romeu Felipe Bacellar Filho
Sérgio Guerra
Walber de Moura Agra

FÓRUM
CONHECIMENTO JURÍDICO

Luís Cláudio Rodrigues Ferreira
Presidente e Editor

Coordenação editorial: Leonardo Eustáquio Siqueira Araújo
Aline Sobreira de Oliveira

Av. Afonso Pena, 2770 – 15º andar – Savassi – CEP 30130-012
Belo Horizonte – Minas Gerais – Tel.: (31) 2121.4900 / 2121.4949
www.editoraforum.com.br – editoraforum@editoraforum.com.br

Técnica. Empenho. Zelo. Esses foram alguns dos cuidados aplicados na edição desta
obra. No entanto, podem ocorrer erros de impressão, digitação ou mesmo restar
alguma dúvida conceitual. Caso se constate algo assim, solicitamos a gentileza
de nos comunicar através do *e-mail* editorial@editoraforum.com.br para que
possamos esclarecer, no que couber. A sua contribuição é muito importante para
mantermos a excelência editorial. A Editora Fórum agradece a sua contribuição.

Dados Internacionais de Catalogação na Publicação (CIP) de acordo com a AACR2

L732c	Lima, Luiz Henrique
	Controle Externo Contemporâneo: reflexões, debates e polêmicas sobre o futuro dos Tribunais de Contas no Estado Democrático / Luiz Henrique Lima.– Belo Horizonte : Fórum, 2021.
	174 p.; 14,5x21,5cm
	ISBN: 978-65-5518-099-2
	1. Direito Público. 2. Direito Financeiro. 3. Direito Constitucional. I. autor. II. autor. III. Título.
	CDD: 341
	CDU: 342

Elaborado por Daniela Lopes Duarte - CRB-6/3500

Informação bibliográfica deste livro, conforme a NBR 6023:2018 da Associação Brasileira de Normas
Técnicas (ABNT):

LIMA, Luiz Henrique. *Controle Externo Contemporâneo*: reflexões, debates e polêmicas sobre o
futuro dos Tribunais de Contas no Estado Democrático. Belo Horizonte: Fórum, 2021. 174 p.
ISBN 978-65-5518-099-2.

Para Maria Cândida, Maria Vitória e Francisco Henrique.

Justiça sem amor é como terra sem água.

(Emmanuel)

SUMÁRIO

Apresentação 13

Controle externo e democracia 15

O sarcófago de Djehapimu 17

A nobreza da prestação de contas 19

Como melhorar o controle? 21

Controlar (também) é contrariar...23

Formalismo ou efetividade? 25

Três inimigos do controle externo 27

A extinção do TCE 29

O tribunal expiatório 31

A hora do CNTC 35

Contas públicas em tempos de crise 37

O controle que funciona..41

Tribunais de Contas: fazer o quê? 43

Uma mentira conveniente...45

Conselheiros para servir a quem? 47

Políticos ou técnicos?...49

A nova lei dos substitutos...51

Centenário de um cargo republicano.....................................53

Um cargo quase desconhecido...55

A vaga no TCE custou caro 59

Quem tem medo do concurso? 61

Concurso para Conselheiro? Já existe!.................63

Concursados não são santos.................65

O Dia do Auditor de Controle Externo.................67

Um passo à frente.................69

Fortalecer o controle interno.................71

A importância do controle interno.................73

O craque discreto.................75

Auditar para o presente e o futuro.................77

Auditoria financeira e o controle da gestão fiscal.................79

Governança e governabilidade.................81

Auditorias ambientais.................83

Caminhos da sustentabilidade.................85

Licitações sustentáveis.................89

Acessibilidade e obras públicas.................91

Apoio às microempresas.................93

Relações homoafetivas e contas públicas.................95

Tecnologia a serviço da democracia.................97

Sobrepreço e superfaturamento.................99

Verdade fiscal.................101

Ajuste fiscal, seu lindo.................103

Desafios para um orçamento democrático.................105

Quem vai pagar a conta?.................107

Qualidade do gasto público.................109

Carnaval com dinheiro público.................111

Consciência cidadã.................113

Cooperação inovadora.................115

Menos manchetes, mais resultados.................117

UFMT, TCE e a melhoria da gestão municipal...........119

Desperdício sistemático...........121

O caso dos remédios vencidos...........123

O exemplo do Funajuris...........125

Final de mandato...........127

Novos gestores e seus desafios...........129

Omissão e intervenção...........133

Ficha Limpa nos Tribunais de Contas...........135

Contas públicas e contas de campanhas eleitorais...........137

A lista dos inelegíveis...........139

STF, Ficha Limpa e Tribunais de Contas...........141

O caso das OSCIPs...........145

Coração rompido...........147

O bom combate...........149

A necessária cautela...........151

Retrocesso histórico...........155

Resultados do controle externo...........157

Quando funciona, incomoda...........159

O custo do descontrole...........161

Externalidades do controle externo...........163

Benefícios do controle externo...........165

Palavras de esperança...........167

Controle externo é arma da democracia...........169

Evangelho e controle externo...........171

O futuro do controle externo...........173

APRESENTAÇÃO

Caro leitor,

Ao longo dos últimos oito anos, tenho publicado artigos semanais em diversos veículos de comunicação, com destaque para o jornal *A Gazeta*, de Cuiabá. Neles abordo os temas mais diversos, sem qualquer restrição. Contudo, é natural que muitos desses artigos tratem de aspectos relativos à minha atividade como Conselheiro Substituto do Tribunal de Contas de Mato Grosso e professor da disciplina Controle Externo, título do meu livro de maior sucesso,[1] já na oitava edição.

Nos cursos e palestras que ministro em todo o país, é frequente indicar aos meus alunos a leitura de um ou outro desses artigos para ilustrar um determinado tema ou responder alguma dúvida ou curiosidade sobre a matéria. Outras vezes, foram as discussões em sala de aula ou em congressos científicos que inspiraram a elaboração de algum texto. Com o tempo, para facilitar a consulta dos alunos, passei a incluir uma seleção desses artigos como anexo ao material didático da disciplina ou do curso. Não demorou e esse anexo cresceu ao ponto de se tornar independente. Quando vi, estava com material suficiente para um livro.

Ainda assim, demorei um bocado para conseguir lhe dar um formato definitivo. Não desejava que a obra fosse somente um amontoado de textos esparsos. Busquei organizá-la de modo que a leitura pudesse ser feita, tanto de modo sequencial, que é o mais recomendado, como, eventualmente, com foco em um ou outro tema específico. Boa parte do material original foi descartado, na tentativa de evitar repetições de argumentos ou o tratamento de situações muito peculiares, sem maior interesse para o público em geral.

Em decorrência, neste livro, a apresentação dos artigos não segue uma ordem cronológica, mas uma sequência de reflexões sobre o papel do controle externo em um Estado Democrático.

Com mínimos ajustes redacionais, os artigos foram mantidos na sua forma original[2] e são relativamente curtos, obedecendo aos limites

---

[1] *Controle externo, teoria e jurisprudência para os Tribunais de Contas*. 8. ed. São Paulo: Método, 2019.

[2] Quando necessário, informações atualizadas foram inseridas em notas de rodapé.

da publicação – em regra, quatro mil caracteres. Assim, cada artigo aborda apenas um determinado aspecto do universo do controle externo ou comenta um determinado episódio ou, ainda, polemiza sobre uma determinada crítica ou argumento. Todavia, no seu conjunto, creio que desenham um panorama abrangente da situação atual do controle externo brasileiro e sua evolução.

Merece destaque que não são discutidos só aspectos ligados à responsabilidade fiscal ou à disciplina orçamentária, nem restritos à seara do direito constitucional ou administrativo. Também são tratados temas como técnicas e modalidades de auditoria, desenvolvimento sustentável, acessibilidade, apoio às microempresas, aprimoramento das políticas públicas, entre outros. Alguns poucos desses artigos foram anteriormente incluídos em outros livros por mim publicados.[3]

Em alguns textos, o enfoque é crítico às falhas existentes na atuação dos órgãos de controle; em outros, denuncia-se a hipocrisia dos que atacam os Tribunais de Contas exatamente porque têm interesses contrariados por suas decisões.

Assim, aos poucos, o leitor irá identificar o meu pensamento sobre essa realidade. Não sou dos que pretendem nada mudar, imaginando que se alcançou elevado nível de qualidade na contribuição dos Tribunais de Contas à sociedade brasileira. Ao contrário, penso que sua atuação ainda deixa muito a desejar. Considero que os Tribunais de Contas estão em dívida com a sociedade brasileira e, em decorrência, em muitas situações, padecem de um déficit de credibilidade e legitimidade. Contudo, não faço coro àqueles que nada identificam de positivo no atual modelo e vociferam pela sua destruição, sem formular qualquer proposta minimamente fundamentada para uma alternativa melhor. Apresento inúmeros exemplos de resultados positivos de ações das quais participei direta ou indiretamente.

O leitor observará que o título de diversos artigos encerra uma interrogação, revelando uma explícita provocação à reflexão e ao debate, indispensáveis ao aprimoramento da atuação dos Tribunais de Contas no Estado Democrático.

Desejo que a leitura seja útil, tanto para os estudiosos da disciplina de Controle Externo que querem, além da teoria, familiarizar-se com questões práticas e contemporâneas, quanto para os cidadãos desejosos de conhecer melhor os debates e as polêmicas envolvendo os Tribunais de Contas brasileiros.

---

[3] *Sementes republicanas.* Cuiabá: Entrelinhas, 2014; *Construtores de catedrais.* Cuiabá: Entrelinhas, 2017.

CONTROLE EXTERNO E DEMOCRACIA

Não há democracia sem controle. Todavia, ainda existem no Brasil aqueles que se dizem democratas, mas conspiram para fragilizar as instituições de controle. A Revolução Francesa derrubou a monarquia e o absolutismo. A partir de então, o poder passou a emanar do povo e não mais por sucessão hereditária de uma casta aristocrática. A Declaração dos Direitos do Homem, um dos mais belos e importantes documentos da história humana, é de agosto de 1789 e seu artigo 15 proclama que todo cidadão tem direito de pedir contas aos agentes públicos acerca de sua gestão. O motivo é simples. O patrimônio nacional não é propriedade de um monarca ou de seus apaniguados, mas sim de todo o povo, ou seja, patrimônio público. Por conseguinte, cada um tem o direito de saber como esses bens e recursos estão sendo geridos.

A contrapartida é que todo gestor público passa a ter o dever de prestar contas, uma vez que os recursos que administra não lhe pertencem, mas a toda a sociedade, e ele nada mais é que o responsável temporário por sua guarda e correta utilização.

A partir desses basilares conceitos republicanos e democráticos é que na França surgiu o primeiro Tribunal de Contas, órgão técnico que cumpre a importante função política de controle da Administração Pública. A ideia levou quase um século para atravessar o Atlântico e somente em 1891, com a primeira Constituição republicana, o Brasil institui o Tribunal de Contas da União, com a missão de exercer o controle externo.

A ditadura militar de 1964, como antes a do Estado Novo em 1937, buscou debilitar o Tribunal de Contas. Em sentido inverso, a democratização de 1946 e a Constituição Cidadã de 1988 prestigiaram o controle externo, ampliando as competências dos Tribunais de Contas.

Assim, o controle externo ultrapassou os limites da verificação formal dos registros contábeis e passou a atuar no exame da legitimidade e da economicidade da aplicação dos recursos públicos. Além da simples legalidade, hoje as auditorias operacionais examinam a qualidade dos gastos públicos e a sua efetividade em termos de resultados de políticas públicas. Por exemplo: não basta um prefeito demonstrar que aplicou 25% do orçamento com a manutenção e desenvolvimento do ensino e 15% com ações e serviços públicos de saúde, como determina a Constituição. É fundamental que esses gastos tenham se traduzido em melhores serviços para a sociedade, refletindo-se em indicadores como o Ideb, a evasão escolar, a mortalidade infantil, a cobertura vacinal, etc. Se gastou muito, mas sem efetividade, isso significa que desperdiçou recursos e suas contas devem ser reprovadas, assim como as daquele que gastou menos do que o exigido.

Outra importante dimensão da atuação das Cortes de Contas é a fiscalização de obras públicas. Infelizmente, são muitos os exemplos de obras paralisadas, ou executadas com má qualidade, ou, ainda, superfaturadas. Em alguns casos, a mesma obra consegue reunir todas essas falhas. As causas vão desde a falta de planejamento e a incompetência no gerenciamento até a cumplicidade com a corrupção. Pois bem, cada vez mais os Tribunais de Contas têm fiscalizado e punido os responsáveis por essas irregularidades.

É compreensível que uma atuação efetiva dos órgãos de controle desperte reações negativas por parte dos fiscalizados. Muitos se sentem incomodados ao ver as falhas de sua gestão expostas à luz do dia. Outros não se conformam ao serem penalizados com multas pecuniárias. E há os que se revoltam diante da reprovação de suas contas e das consequências jurídicas e políticas que tal decisão implica.

Assim, não é surpresa que haja grupos engajados em movimentos visando ao enfraquecimento dos Tribunais de Contas, com a retirada de suas prerrogativas, ou alterações na sua composição para torná-los mais dóceis e suscetíveis a pressões. É nosso dever alertar que os inimigos do controle também o são da democracia.

Publicado originalmente em *A Gazeta*, em novembro de 2012.

O SARCÓFAGO DE DJEHAPIMU

Todos os anos milhões de visitantes procuram o Neues Museum em Berlim e deslumbram-se com a coleção de objetos do antigo Egito, cujo destaque é o famoso busto da Rainha Nefertiti, que rivaliza em prestígio com a Mona Lisa, do Louvre, e o David de Michelangelo, na Galleria dell'Accademia. Numa sala próxima, chama menos atenção uma grande pedra em granito negro, talhada entre os séculos VIII e IV antes de Cristo. É o sarcófago de Djehapimu, identificado apenas como "auditor do faraó".

Da vida e das obras de Djehapimu pouco sabemos, pois o esquife é exibido vazio, sem múmia, e os hieróglifos presentes na sua cobertura não detalham sua biografia. De toda forma, a visão do sarcófago inspira reflexões.

Assim como os atuais governantes, o faraó em questão julgou necessário contar com os serviços de um auditor. Milênios atrás, foi uma sábia decisão. A boa Administração não pode prescindir do controle. Na esfera privada, os relatórios de auditores internos e independentes são elementos essenciais para que acionistas, fornecedores e partes interessadas possam avaliar o desempenho dos gestores. Na área pública, nos países democráticos, avulta a importância do controle externo, que, no Brasil, é exercido pelos Tribunais de Contas, seguindo a tradição latina e o modelo napoleônico.

Pelas características do sarcófago, tais como a qualidade do granito e das imagens nele inscritas, podemos deduzir que o auditor Djehapimu era um alto funcionário, dotado de algumas posses e de certo prestígio. Mais uma vez, devemos dar razão ao faraó. Os profissionais de controle exercem uma função estratégica para a organização que servem, não sendo recomendável que ocupem posição hierárquica subalterna ou que sua remuneração seja irrisória. A Declaração de Lima, subscrita por mais de uma centena de entidades de fiscalização superior de quase todos os países do mundo, destaca a importância da independência dos auditores em relação a seus fiscalizados, assim como da disposição de recursos necessários para desempenhar sua tarefa. Uma democracia sólida exige um controle eficiente, qualificado e imparcial.

Ademais, contemplar o sarcófago desse precursor de nossa atividade deveria fazer os atuais controladores brasileiros meditarem sobre a finitude da existência terrestre e o quanto é ilusória a vaidade, o quanto é inútil a ambição e o quanto é perigoso o sacrifício de princípios e convicções. Daqui a milênios, talvez não mereçamos sequer uma referência em algum museu especializado. Assim, importa prezar a humildade e agir com serenidade e firmeza no desempenho de nossas funções, nunca esquecendo que nosso patrão, que nos remunera, é o povo, a quem, em primeiro lugar, devemos lealdade. Entretanto, episódios recentes indicam que ainda há aqueles que, embalsamados no próprio orgulho e ganância, convertem-se em múmias precoces, sem sarcófago ou honrarias, seja pelo anacronismo pusilânime de suas decisões ou omissões, seja pela decomposição acelerada de sua integridade moral e intelectual.

Os antigos egípcios acreditavam na vida após a morte e o ritual de mumificação destinava-se a preservar o corpo físico até o momento do novo despertar. Muitas religiões contemporâneas acreditam na ressureição ou na reencarnação. Todavia, como já alertara Ruy Barbosa, patrono dos Tribunais de Contas brasileiros, não há salvação possível para aquele que conspurca a toga.

Próximo às escavações onde foi encontrado o sarcófago de Djehapimu, está a monumental Esfinge de Gizé, a maior escultura em monólito do planeta. Com corpo de leão, asas de águia e rosto humano, representa uma figura mitológica comum a várias civilizações antigas e imortalizada na obra de Sófocles, ao propor aos viajantes um enigma: "decifra-me ou te devoro". Semelhante é o dilema de alguns órgãos de controle, descendentes do auditor do faraó: ou decifram o anseio da sociedade e se reinventam, ampliando sua componente técnica e multiplicando sua efetividade a serviço da democracia, ou serão devorados no altar das reformas institucionais.

Publicado originalmente em *A Gazeta*, em abril de 2017.

A NOBREZA DA PRESTAÇÃO DE CONTAS

Para o gestor inexperiente, incompetente ou mal-intencionado, a prestação de contas é um sacrifício, um suplício, uma exigência burocrática inútil e despropositada. Para o bom gestor, ao contrário, a prestação de contas é a oportunidade sublime de mostrar à coletividade o resultado do seu trabalho. Na prestação de contas, ele relatará o que conseguiu realizar com os recursos colocados à sua disposição. Mais do que números frios, apresentará conquistas e realizações, resultantes de decisões democraticamente amadurecidas e de uma condução planejada e segura.

Na vida pública, encontramos exemplos dessas duas perspectivas. De um lado, demagogos que se queixam do que denominam excesso de controle. Como fazem promessas irrealistas, iniciam obras sem sustentabilidade financeira e multiplicam privilégios e benefícios a reduzidos segmentos da sociedade. Ante o inevitável fracasso que sua conduta irresponsável acarreta, a mais frequente desculpa que utilizam é apontar os órgãos de controle como os causadores do seu insucesso.

Obras paralisadas? A culpa é do Tribunal de Contas que exigiu que a licitação fosse realizada dentro das normas. Falta de profissionais da educação ou da saúde? A culpa é do Tribunal de Contas que exigiu a realização de concursos públicos conforme os padrões de publicidade e impessoalidade. E assim por diante.

Felizmente, há também, e não são poucos, os gestores empreendedores, que utilizam os diagnósticos e recomendações emanados das auditorias como faróis, que na neblina guiam os navegadores para evitar o choque com arrecifes e bancos de areia. Têm inteligência e habilidade para utilizar os julgamentos dos controladores como aliados para frear as propostas inadequadas que surgem de seus próprios aliados e apoiadores. São democratas que compreendem que as falhas apontadas nos processos de fiscalização não são agressões inspiradas por adversários, mas sim preciosas contribuições para a melhoria dos resultados das políticas públicas.

Os primeiros são os que temem o controle externo independente e técnico. Os últimos são os que o desejam.

Os primeiros engendram pedaladas e artifícios para falsear a contabilidade. Os últimos apostam na transparência e no diálogo.

Os primeiros multiplicam ataques aos Tribunais de Contas.

Os últimos os respeitam e prestigiam, pois compreendem a sua essencialidade para a vitalidade de uma sociedade democrática. Eles conhecem e concordam com a máxima de James Madison, um dos ideólogos da independência e da Constituição dos Estados Unidos: "Se os homens fossem anjos, nenhuma espécie de governo seria necessária. Se fossem os anjos a governar os homens, não seriam necessários controles externos nem internos sobre o governo" (*O federalista*, 1788).

Se você, caro leitor, quiser conhecer o caráter de um homem público, observe a sua atitude diante do princípio republicano e democrático da prestação de contas.

Se ele reconhece a nobreza do gesto de prestar contas à sociedade do que realizou durante o mandato que lhe foi concedido, se valoriza esse momento e se respeita os procedimentos do controle a que é submetido, pode ter certeza de que tal gestor merece ser respeitado e valorizado.

Ao contrário, se o mandatário despreza as regras, desrespeita os prazos e subestima a importância da prestação de contas, então não há dúvida de que se trata de um ignorante, despreparado e indigno da função que temporariamente exerce.

Publicado originalmente em *A Gazeta*, em março de 2019.

COMO MELHORAR O CONTROLE?

O megaescândalo da corrupção na Petrobras impressiona pelas suas dimensões bilionárias, mas, a rigor, não surpreende: é mais um entre muitos outros que pipocam nas esferas federal, estadual e municipal. O que surpreende é como essas quadrilhas puderam ir tão longe sem que fossem detectadas ou impedidas pelos instrumentos de controle da Administração Pública.

A bem da verdade, controle é o que não falta em nossa organização estatal. Temos o controle externo exercido pelos Tribunais de Contas, o controle interno de responsabilidade das Controladorias Gerais, o controle político conduzido pelos parlamentos, por exemplo, por intermédio de comissões parlamentares de inquérito e, ainda, o controle judicial a cargo do Poder Judiciário, mediante provocação do Ministério Público a partir de investigações conduzidas pelas instituições policiais. Nas empresas estatais, há ainda a atuação das empresas privadas de auditoria independente. Somem-se a tudo os crescentes mecanismos de controle social inspirados em políticas de transparência e de participação.

Diante de tantos controles, o cidadão confunde-se: por que não funcionam melhor?

Não cairei na tentação de improvisar respostas simplistas, como se a solução mágica fosse, como pretendem alguns, extinguir as Cortes de Contas ou alterar radicalmente o processo de escolha de seus membros.

Há várias dimensões a serem enfrentadas.

A primeira é priorizar os controles preventivo e concomitante, em vez do controle *a posteriori*. Quanto antes as irregularidades forem apontadas e coibidas, mediante medidas cautelares, menor será o dano causado ao erário e à sociedade.

A segunda é dar ênfase ao controle de resultados de políticas públicas em detrimento do controle de formalidades. O exame da efetividade, da legitimidade e da economicidade da aplicação de recursos públicos é tão ou mais importante que o mero *check-list* do atendimento às prescrições legais.

A terceira é ampliar o diálogo e a cooperação entre as instâncias de controle, compreendendo que não são rivais, mas detentoras de atribuições específicas e complementares, e que a colaboração mútua não é uma possibilidade, mas uma necessidade e um dever. A quarta é considerar o controle da Administração Pública como um sistema. As diversas instituições de controle não devem atuar como ilhas isoladas, distantes uma das outras pela imensidão do oceano. É necessário que partilhem a mesma linguagem, instrumentos, valores, objetivos estratégicos, metas e atividades. É fundamental que seus resultados sejam aferidos e que suas deficiências sejam corrigidas. Para tanto, é indispensável a criação de um Conselho Nacional dos Tribunais de Contas que, nos moldes do que o Conselho Nacional de Justiça tem feito em relação aos Tribunais do Poder Judiciário, exerça um papel coordenador, articulador e corregedor.

A quinta é empreender o aprimoramento da legislação. Não para retirar competência fiscalizatória das instituições de controle, como sorrateiramente se pretende no projeto que altera a lei nacional de licitações, mas, ao contrário, para empoderá-las, facilitando seu acesso a informações de interesse público sobre operações financeiras de empresas e agentes estatais e que lhes são sistematicamente ocultas sob o sacrossanto argumento do sigilo bancário e fiscal. Inúmeras auditorias do TCU na Petrobras e no BNDES foram sabotadas e retardadas por conta dessa barreira, que também é levantada quando se pretende auditar os resultados das políticas de renúncia fiscal que têm privilegiado certos grupos empresariais. Outra necessidade é ampliar o prazo de vigência dos decretos que determinam a indisponibilidade dos bens dos apontados como responsáveis por danos ao erário. Esse prazo hoje é de um ano na esfera federal, muitas vezes insuficiente para a conclusão de investigações complexas nas quais a defesa pode interpor um sem-número de recursos.

Há muito que fazer em 2015.

Publicado originalmente em *A Gazeta*, em fevereiro de 2015.

CONTROLAR (TAMBÉM) É CONTRARIAR

Sucumbe à perigosa ilusão aquele que, investido de função controladora, almeja granjear simpatias ou multiplicar popularidade. Não poderá fazê-lo senão com o sacrifício de sua missão.

Controlar é contrariar.

É um fato. Feliz ou infelizmente, praticamente nenhuma deliberação adotada no âmbito de uma Corte de Contas deixa de desagradar a algum interessado. Haverá quem reclame que tal decisão foi branda demais; outros dirão que aquela foi rigorosa em excesso. Dependendo dos interesses das partes, é possível que todas elas fiquem pelo menos um pouco insatisfeitas.

Digam o que quiserem: a realidade é que ninguém gosta de ser controlado, principalmente se for por um órgão com maior grau de independência política e capacidade técnica. A história registra inúmeros exemplos daqueles que, na oposição, exaltavam a necessidade de maior controle e, uma vez no poder, passaram a reclamar de seus excessos. Controle bom é sempre o controle exercido sobre os outros, nunca sobre si mesmo.

O certo é que não existem dias fáceis no Tribunal de Contas. Não existem processos secundários ou sem importância tramitando no TCE. Rotineiros, muitos; simples, alguns; mas todos importantes, pelo menos para aquelas pessoas ou entidades interessadas.

Em 2018, o TCE-MT contrariou a muitos. Foi bastante criticado, tanto publicamente, como em círculos restritos. Alguns julgamentos mais marcantes foram desaprovados por gestores, ex-gestores, parlamentares, empresários, advogados e sindicalistas, entre outros. Não foram poucos os inconformados com rejeições de contas, aplicações de multas e outras penalidades, determinações cautelares e, até mesmo, orientações e recomendações de mudanças de procedimentos na gestão de políticas públicas.

Bom sinal. Se tivesse passado em branco, sem despertar discordâncias ou reclamações, certamente o TCE não teria cumprido sua missão institucional. Com efeito, como há quatro séculos lecionou o padre Antonio Vieira no Sermão da Primeira Dominga do Advento, a omissão é o pecado que com mais facilidade se comete e com mais dificuldade se conhece e, por isso, é o mais perigoso de todos os pecados. Para nós que atuamos no serviço público, a omissão, embora muitas vezes despercebida e impune, é a pior espécie de traição contra os nossos patrões, os cidadãos mato-grossenses.

Por serem esperadas, as críticas às nossas decisões são bem-vindas e devem ser recebidas com naturalidade e humildade. Se bem fundamentadas, devem ser analisadas e inspirar revisões de entendimentos ou aprimoramento jurisprudencial. Nenhum julgador pode ter a pretensão de nunca errar. Todo magistrado tem que estar disposto a, todos os dias, estudar, aprender e evoluir.

Ouvir com atenção os interessados e dialogar sinceramente com a sociedade são ingredientes essenciais na ação de um órgão de controle. Buscar construir consensos, compreender a complexidade de situações concretas e promover a modulação de efeitos são atitudes maduras e recomendáveis para se alcançar decisões justas e soluções factíveis.

Porém, jamais um controlador pode aspirar a unânimes e calorosos aplausos. Se o fizer, será um pusilânime, um tolo, um incapaz. Contemporizar, protelar e tergiversar são verbos que expressam a negação do controle como instrumento da cidadania, essencial ao regime democrático.

Afinal de contas, controlar também é contrariar, sempre que necessário.

Publicado originalmente em *A Gazeta*, em janeiro de 2019.

FORMALISMO OU EFETIVIDADE?

Os métodos tradicionais de controle da Administração Pública estão mortos, mas insepultos. Calcados na tradição formalista e numa visão estrita da legalidade, tais métodos tornaram-se tão obsoletos como as missas em latim, mas sem a beleza dos cantos gregorianos. Não respondem às aspirações da sociedade, que reclama qualidade na prestação dos serviços públicos, zelo na aplicação dos recursos dos impostos, seriedade no trato da coisa pública e probidade na Administração. Os brasileiros exigem melhores resultados nas políticas públicas e para isso o controle formalista é incapaz de contribuir.

Enquanto as fraudes ocorrem em transferências bancárias milionárias em paraísos fiscais, processadas em poucos cliques nos teclados de *laptops* ou *smartphones*, o controle formalista ainda se concentra em carimbos e rubricas. Como numa piracema às avessas, sua rede só alcança girinos e bagrinhos, deixando livres os peixes grandes e gordos, cevados no assalto ao erário. A exemplo dos mortos de Antares, na obra de Érico Veríssimo,[1] o cadáver do controle formalista perambula ali e acolá, em decomposição nauseabunda, defunto sem sepultura a assombrar os viventes.

A bem da verdade, sua certidão de óbito foi lavrada pela Constituição de 1988, que estipulou que o controle externo da gestão pública, exercido pelo Legislativo e pelos Tribunais de Contas, observaria, além da legalidade, também a legitimidade e a economicidade dos atos e contratos governamentais. E mais: a Carta Magna previu que a fiscalização não seria mais restrita a aspectos orçamentários e contábeis, mas também financeiros, patrimoniais e operacionais. O constituinte de

---

[1] VERÍSSIMO, Érico. *Incidente em Antares*. São Paulo: Companhia do Bolso, 2006.

1988 anteviu o futuro e lançou as bases de um controle voltado para a efetividade da gestão pública, que fizesse valer o princípio republicano da prestação de contas, segundo o qual todo gestor de recursos públicos, desde o Chefe de Estado até o chefe do almoxarifado, tem o dever de prestar contas à sociedade, por intermédio dos órgãos técnicos de controle, acerca dos resultados de sua atuação.

Democraticamente, a Constituição de 1988 inovou também nas regras e requisitos para composição das Cortes de Contas, estabelecendo critérios mais rígidos de idoneidade, conhecimentos e experiência, e fixando que uma parcela dos ministros do TCU e conselheiros dos TCs teria origem estritamente técnica, a partir de listas tríplices de conselheiros substitutos e procuradores de contas, selecionados por concurso público.

Mas então, o que explica a permanência do controle formalista, em descompasso com a Lei Maior, que já completou um quarto de século? Ora, o arraigado conservadorismo permeia os círculos de poder, tão magistralmente descritos por Raymundo Faoro, em *Os donos do poder*.[2] Trata-se da obstinada resistência daqueles que por décadas se habituaram a fazer dos cargos públicos atalhos para o enriquecimento pessoal e o de seus clãs, e também para o inconformismo dos recém-chegados a postos de comando e que não admitem o saneamento da vida pública "logo agora que chegou a sua vez". Todos se coligam como insurgentes do Velho Regime, intransigentes no propósito de fazer letra morta do modelo constitucional de controle externo.

Dissimulados, não assumem o que de fato pretendem: a perpetuação do controle formalista, tão conveniente, por sua ineficácia, para os larápios do tesouro. Na prática, lutam de todas as formas para retardar o processo de modernização dos TCs, seja buscando influenciar a escolha de membros alinhados com uma visão retrógrada, seja denunciando os TCs como responsáveis por atrasos em obras mal planejadas, mal executadas e superfaturadas, acusando-os de burocráticos, exatamente quando procuram atuar de modo preventivo, evitando prejuízos.

É hora de sepultar o controle que não funciona e assegurar aos brasileiros controles mais técnicos e inteligentes, pautados na efetividade e que contribuam para a melhoria da gestão pública.

Publicado originalmente em *A Gazeta*, em junho de 2014.

---

[2] FAORO, Raymundo. *Os donos do poder*: formação do patronato político brasileiro. 4. ed. São Paulo: Biblioteca Azul, 2012.

TRÊS INIMIGOS DO CONTROLE EXTERNO

O controle externo da gestão pública é componente essencial do Estado Democrático. Preconizada por Aristóteles há 2.500 anos, a prestação de contas pelos administradores de recursos públicos foi consagrada no artigo 15 da Declaração dos Direitos do Homem e do Cidadão, principal documento da Revolução Francesa de 1789. No Brasil, desde a primeira Constituição republicana em 1891, a função do controle externo é atribuída a órgãos técnicos especializados, dotados de competências exclusivas e específicas: os Tribunais de Contas. Desde antes de sua criação, os Tribunais de Contas acumulam implacáveis inimigos. De fato, logo após nossa Independência, o Visconde de Barbacena apresentou projeto de lei para a criação da Corte de Contas brasileira, ideia duramente combatida pelo Conde de Baependi e que levou 64 anos para ser aprovada, na mais longeva obstrução parlamentar de nossa história (a segunda maior foi o bloqueio à abolição da escravatura, que durou quatro décadas).

Recém-nascido, o Tribunal de Contas da União enfrentou a fúria do Marechal Floriano Peixoto, inconformado com a negativa de registro da nomeação de um parente do Marechal Deodoro da Fonseca, considerada ilegal. O episódio provocou a reação altiva e indignada do Ministro da Fazenda Serzedello Correa, que se demitiu em solidariedade às prerrogativas do controle.

Mais tarde, foi a vez do ditador do Estado Novo, Getúlio Vargas, perseguir o ministro do TCU Thompson Flores, que ousara apresentar um parecer prévio contrário às contas do seu governo, apontando inúmeras ilegalidades. Decreto ditatorial afastou sumariamente o ministro de suas funções, colocando-o em disponibilidade.

Na história recente, um ex-presidente da República, hoje condenado pelo crime de corrupção, notabilizou-se por incontáveis discursos reclamando da atuação do TCU, acusando-o de estar paralisando ou retardando as obras de seu governo, muitas das quais continham fraudes de bilhões de reais, valores confessados e já parcialmente devolvidos pelas empreiteiras que foram beneficiadas com os crimes.

E a história não para. Todos os dias presenciamos inúmeros ataques à atuação dos órgãos de controle externo, algumas escancaradas, outras dissimuladas.

Ao longo desse percurso, logrou-se identificar os três grandes inimigos do controle externo.

O primeiro inimigo é o gestor com alma de ditador. A independência dos órgãos de controle lhe causa calafrios. Não tolera o diálogo com quem não lhe é subordinado, vassalo ou cortesão.

O segundo inimigo é o gestor corrupto, bem como os empresários corruptores que com ele se enriquecem e a quem alimentam com as sarandalhas de sua rapina. Por razões óbvias, para ele toda fiscalização é uma ameaça. Em alguns casos, como foi comprovado no Rio de Janeiro, o governante corrupto procurou nomear controladores corruptos ou corromper para o seu clube os que lá estavam antes de ele chegar. Os corruptos são os maiores adversários da profissionalização e da qualificação dos órgãos de controle e são capazes de tudo para evitar a ascensão a cargos de ministros e conselheiros de cidadãos com boa formação técnica e ética.

Finalmente, o terceiro inimigo é o gestor incompetente, desgostoso quando seu fracasso é exposto à luz do dia em relatórios de auditoria e decisões colegiadas. O incompetente, o omisso, o trapalhão e o preguiçoso têm horror à transparência, porque essa desnuda sua incapacidade e despreparo.

Claro que, em diversos momentos, alguns TCs cometeram muitos erros, de várias espécies, inclusive cedendo a pressões ou negociando com ditadores, corruptos e incompetentes.

Todavia, não há dúvida de que, quando o controle funciona – ou seja, quando é efetivo, tempestivo e imparcial –, então ele incomoda, e muito, aos maus gestores. Assim, se algum Tribunal de Contas está incomodando é porque está cumprindo o seu papel de servir à sociedade e à democracia, contribuindo para o aprimoramento da gestão pública. Esse Tribunal tem como amigos os cidadãos de bem e os gestores democratas, probos e capazes.

Publicado originalmente em *A Gazeta*, em abril de 2018.

A EXTINÇÃO DO TCE

Esta semana tive acesso a um debate nas redes sociais em que vários participantes pregaram a extinção do Tribunal de Contas. Essencialmente, houve três argumentos para amparar a tese. O primeiro é que o TCE-MT teria falhado na prevenção/punição a episódios de corrupção nas últimas gestões. O segundo é que se trata de um órgão que consome elevada parcela dos recursos estaduais. O terceiro é que tem na sua composição membros de origem política, que não julgam com motivação técnica, mas em virtude de interesses partidários.

Quanto à primeira alegação, é preciso reconhecer que nenhuma instituição estatal, inclusive as Cortes de Contas, foi capaz de prevenir os desvios bilionários ocorridos na esfera federal, como na Petrobras e nos fundos de pensão, e na estadual, como no VLT e no MT-Integrado. Todavia, cabe assinalar que as competências dos órgãos de controle externo estão delimitadas pela Constituição, não lhes sendo possível, no regramento atual, lançar mão de ferramentas valiosas em processos de investigação, tais como a quebra de sigilos fiscal e bancário. Nada obstante, foram adotadas inúmeras medidas cautelares e impostas sanções a poderosos agentes políticos.

Ademais, o "argumento" em si é uma falácia rudimentar. O Brasil tem uma reduzida taxa de resolução de homicídios e nem por isso se prega a extinção dos órgãos policiais; grande parte de nossas universidades ostenta fraco desempenho na área de pesquisa e nem por isso se advoga o seu fechamento, e assim por diante.

Com respeito ao custo de manutenção do TCE, é preciso saber fazer as contas corretamente. Sem dúvida, como na maioria dos órgãos públicos, há espaço para redução de custos e melhoria de desempenho. Contudo, como aprende qualquer calouro nas faculdades de economia ou administração, todo gasto deve ser avaliado numa relação de custo-benefício, envolvendo, pelo menos, as alternativas de fazê-lo ou não. Assim, os preços de um medicamento ou de um seguro veicular podem, a princípio, ser considerados caros, mas uma análise atenta deve considerar o custo e o risco do paciente não fazer uso do medicamento ou do proprietário não adquirir o seguro para o seu veículo. No caso da Administração Pública, há dúzias de pesquisas demonstrando que o custo do descontrole é muito superior ao do controle. Aqui mesmo em MT há inúmeros exemplos, como na fiscalização da concorrência de obras na MT-130, na qual o TCE-MT conseguiu a redução do preço final do contrato em mais de R$5 milhões. Aquele único processo permitiu ao estado economizar um montante superior à remuneração anual de todos os auditores lotados na unidade de engenharia do TCE. Há muitos outros casos similares.

Finalmente, com relação à composição do TCE, é certo que há críticas bem fundadas e diversas propostas de emendas à Constituição, visando a aumentar o número de conselheiros oriundos de carreiras técnicas, como as dos conselheiros substitutos e procuradores de contas. No Tribunal de Justiça, por exemplo, 80% dos desembargadores têm origem na magistratura e apenas 20% na advocacia e no Ministério Público. Enquanto isso, nos TCs, pela regra vigente, apenas um conselheiro substituto e um procurador de contas são alçados à titularidade entre os sete conselheiros. No caso de MT, passados mais de 30 anos da Carta de 1988, sequer essa participação mínima foi concretizada. Isso, no entanto, não deve inspirar movimentos pela extinção do órgão de controle, mas sim pelo aprimoramento e pela observância às normas constitucionais que o disciplinam.

Como já tive a oportunidade de escrever, críticas à atuação do TCE são bem-vindas e devem ser recebidas com naturalidade e humildade. O que se espera é que o importante debate sobre o aperfeiçoamento da função controle da Administração Pública seja pautado pela compreensão de que tal atividade é essencial ao regime democrático e ao melhor desempenho da Administração Pública, sob os prismas de legalidade, legitimidade e economicidade.

Publicado originalmente em *A Gazeta*, em janeiro de 2019.

O TRIBUNAL EXPIATÓRIO

Na antiga tradição hebraica, quando se acumulavam os pecados dos integrantes de uma coletividade, traziam-se dois bodes para o templo. Após sorteio, um era sacrificado ali mesmo em holocausto O outro era abandonado no deserto, destinado a perecer pela fome, sede ou ataque dos chacais. De acordo com a crença, o segundo bode carregaria consigo todos os pecados, individuais e coletivos, daquela tribo. Seu sacrifício era um ritual de purificação. Sua morte representaria o perdão aos pecadores e o início de um novo ciclo. Era chamado de bode expiatório.

Posteriormente, o conceito foi apropriado para a esfera política. Os nazistas, com intenso recurso à propaganda enganosa, convenceram grande parte da sociedade alemã que era dos judeus a culpa pela crise econômica e pelas dificuldades enfrentadas na década de 1930. Eliminar o bode expiatório traria a solução. Mentira e manipulação concorreram para uma tragédia com milhões de vítimas.

Mas há inúmeros outros exemplos. No esporte, o bode expiatório costuma ser o árbitro ou o goleiro que falharam em lances decisivos. Nas empresas, públicas ou privadas, diante do insucesso de um projeto, há uma única certeza: alguém será escolhido para pagar o pato.

A busca ansiosa pelo bode expiatório é um comportamento previsível e bastante conhecido e estudado pela psicologia humana. É mais simples, mais cômodo e mais fácil buscar identificar em um único culpado, de preferência externo e distante, e sempre o mais indefeso, a causa dos problemas que enfrentamos. A eliminação ou o afastamento daquele a quem se atribuem todos os males produz uma sensação imediata de alívio e o reinício de um ciclo. Quando os mesmos problemas novamente aflorarem, porque não foram enfrentadas suas causas estruturais, iniciar-se-á a busca por um novo bode expiatório.

Muitas vezes, uma discussão franca sobre a origem das dificuldades pode revelar verdades inconvenientes ou indicar a necessidade de soluções mais complexas ou de mudanças de comportamento que questionam tradições e privilégios há muito arraigados. Apontar um bode expiatório previne esse risco.

Lembrei-me da imagem do bode expiatório ao ler e ouvir nos últimos dias sucessivas manifestações de personalidades com acesso aos meios de comunicação, atribuindo aos Tribunais de Contas a culpa dos principais males do país: déficit público, corrupção, ineficiência dos serviços públicos, obras inacabadas, etc. Segundo essa cantilena, tudo é culpa dos Tribunais de Contas, que deveriam fiscalizar e não fiscalizam, consomem muito dinheiro, nada produzem e deveriam, portanto, ser sacrificados para o bem da nação e do povo.

Apesar da grande desinformação que revelam, não se pode compreender tal discurso como mera expressão de ignorância, eis que seus porta-vozes, em alguns casos, ostentam certo grau de formação intelectual. A crítica virulenta, repetida, hipócrita, nas meias-verdades que veicula, não é senão o recurso covarde de quem recusa o debate urgente e necessário sobre a reforma do sistema de controle externo brasileiro.

É preciso enfrentar o fato de que quem endividou o tesouro, gastou mais do que podia, concedeu isenções excessivas e suspeitas contratou mal e foi incapaz de executar adequadamente as políticas públicas foram os que eram responsáveis pelo Poder Executivo, em regra com dócil apoio de maiorias parlamentares construídas de modo heterodoxo. Isso ocorreu na União, estados e municípios, com honrosas exceções.

De fato, muitos TCs falharam na sua missão fiscalizatória, mas não estava a seu alcance impedir todos os erros da gestão fiscal irresponsável ou elucidar todos os atos de corrupção. Não lhes é permitido, por exemplo, o acesso ao sigilo fiscal ou bancário dos responsáveis pela gestão pública. Não podem os TCs se sobrepor a leis orçamentárias, mesmo quando recheadas de "pedaladas", ou a leis de concessão de aumentos salariais desconectadas das possibilidades financeiras de atendimento.

O dever de fiscalizar, alertar, recomendar e punir tem sido cumprido em muitos TCs, principalmente pelos seus membros e técnicos concursados.

E quanto aos TCs que, em determinado momento, foram tolerantes com desequilíbrios fiscais, é preciso esclarecer que isso ocorreu exatamente nos casos em que a sua direção foi majoritariamente indicada por Executivos e Legislativos em processos nos quais não prevaleceu a qualificação técnica.

Ninguém duvida que os TCs brasileiros precisam de uma reforma ampla e profunda. Mas convertê-los em bode expiatório é um perigoso engodo e um desserviço à solução da crise fiscal e ao Estado Democrático de Direito.

Publicado originalmente em *A Gazeta*, em março de 2019.

A HORA DO CNTC

Na Assembleia Constituinte de 1988, alguns visionários propuseram a criação de um Conselho Nacional de Justiça (CNJ), com a finalidade de exercer o controle externo do Poder Judiciário. Foram duramente combatidos pela aliança perversa do conservadorismo e do corporativismo. A emenda que criava o CNJ foi amplamente derrotada.

Tempos depois, uma sucessão de escândalos e a constatação da ineficiência na gestão do Poder Judiciário tornaram irresistível a criação do CNJ, por meio da Emenda Constitucional nº 45/2004, cuja tramitação consumiu doze anos desde sua apresentação pelo então deputado Hélio Bicudo. A mesma emenda criou o Conselho Nacional do Ministério Público (CNMP).

Igual sorte não tiveram os Tribunais de Contas. Apesar de serem órgãos de elevada estatura constitucional, incumbidas de uma função essencial à democracia, que é o controle externo da gestão pública sob os crivos da legalidade, legitimidade e economicidade, e principais guardiãs da responsabilidade fiscal, as Cortes de Contas não dispõem de um Conselho Nacional que, a exemplo do CNJ e do CNMP, atue na uniformização de procedimentos, fixação de metas, indicadores de desempenho e prevenção e correição de falhas institucionais ou desvios funcionais.

Embora haja Tribunais de Contas que realizem trabalhos notáveis e inovadores, gerando importantes benefícios para a sociedade e contribuindo para o aprimoramento das políticas públicas, registram-se também exemplos negativos em que alguma Corte de Contas atua com atraso, de modo insuficiente, com técnicas obsoletas ou com decisões complacentes com o mau uso dos recursos públicos. Falta um órgão que dissemine as boas práticas e exerça uma corregedoria nacional sobre denúncias contra ministros e conselheiros.

A lacuna é agravada pela ausência de uma legislação nacional única que discipline os processos de controle externo, dotados de singularidades próprias que os distinguem tanto dos processos administrativos como dos cíveis e penais. Há hoje uma babel de normas díspares, por exemplo, sobre modalidades e prazos recursais, espalhadas em dezenas de leis orgânicas e regimentos internos, causando confusões e aumentando a entropia.

A resultante é negativa para todos: órgãos de controle, gestores e demais jurisdicionados e, principalmente, a sociedade brasileira.

Há em tramitação no Congresso Nacional, desde 2007, a Proposta de Emenda à Constituição nº 28, que institui o Conselho Nacional dos Tribunais de Contas (CNTC). Na contramão do corporativismo, seus principais defensores estão na Associação dos Membros dos Tribunais de Contas (Atricon), que consideram a iniciativa importante, prioritária e urgente para conferir maior efetividade às ações de controle, bem como para corrigir diversas omissões e distorções hoje existentes.

Com certeza, a redação da PEC nº 28/2007 é merecedora de aprimoramentos, especialmente para reforçar o papel do CNTC na uniformização de jurisprudência entre os TCs. A Atricon formulou sugestões de emendas que serão submetidas às lideranças do Congresso Nacional. Uma delas, inclusive, visa a assegurar que a criação do CNTC não implique custos significativos, sendo os recursos necessários providos pelas dotações orçamentárias já disponíveis para os TCs.

Também é certo que apenas a criação e instalação do CNTC não resolverá todos os problemas identificados na atuação dos TCs, sendo necessárias também outras alterações legislativas relativas ao processo de escolha de seus membros, ampliando a cota reservada às carreiras técnicas providas por concurso público, e assegurando prerrogativas institucionais como a edição de medidas cautelares e o acesso a dados hoje protegidos pelo sigilo bancário e fiscal, que não pode prevalecer em auditorias que apuram danos contra o erário. Mas um passo de cada vez...

Portanto, diante dos bons resultados alcançados pelo CNJ e pelo CNMP, e diante da relevância de aumentar a efetividade das ações de controle externo da gestão pública, é essencial que o Brasil coloque na sua pauta de mudanças urgentes a criação do CNTC.

Publicado originalmente em *A Gazeta*, em fevereiro de 2017.

CONTAS PÚBLICAS EM TEMPOS DE CRISE

A crise econômica e política em que vive o Brasil aumentou o interesse pelos julgamentos das contas públicas pelos Tribunais de Contas, assim como pelas conclusões de seus trabalhos técnicos de fiscalização da gestão governamental. Há, todavia, muita desinformação, gerando expectativas as mais diversas e irreais, em boa medida porque, das instituições republicanas, as Cortes de Contas são as mais desconhecidas e menos estudadas, inclusive no meio acadêmico e no mundo jurídico.

Os TCs não são uma invenção brasileira ou um modismo recente. No Brasil, foram criados em 1890, logo após a instalação da República, inspirados no modelo francês instituído por Napoleão, em 1807. Desempenham uma função essencial à democracia que é o controle externo da Administração Pública. Hoje existem Cortes de Contas em dezenas de nações, inclusive na União Europeia.

É preciso sempre sublinhar que os TCs não julgam pessoas, mas sim contas, ou seja, atos de gestão envolvendo recursos públicos, sob os prismas orçamentário, contábil, financeiro, patrimonial e operacional. Os TCs não julgam crimes ou contravenções penais, nem decidem sobre atos de improbidade administrativa. Tais competências são do Poder Judiciário. Apesar do nome, os Tribunais de Contas não pertencem ao Judiciário. Tampouco são órgãos auxiliares do Poder Legislativo, embora com ele possuam estreita relação de colaboração e complementaridade de atuação.

Na organização estatal, posicionam-se como órgãos autônomos a serviço da sociedade, cujas competências e prerrogativas são expressamente fixadas na Constituição. Fiscalizam todos os poderes e órgãos públicos, não se subordinando a nenhum. Devem zelar não somente pela legalidade, mas também pela legitimidade e economicidade. Não cuidam apenas de aspectos formais, mas da qualidade do gasto público, expressa em indicadores de resultados de políticas públicas.

Os TCs não condenam gestores à prisão, embora possam aplicar sanções de restituição de valores, multas, indisponibilidade de bens, declaração de inidoneidade e inabilitação para o exercício de cargos públicos. Ademais, com base nas informações e análises resultantes de sua atuação fiscalizatória, o Ministério Público promove ações penais que podem conduzir à sentença judicial de prisão do responsável. Outra consequência possível da rejeição das contas é a inelegibilidade do gestor, que passa a ser "ficha suja".

Muitos confundem contas de governo e contas de gestão. Nas contas de governo, o TC emite um parecer prévio, de natureza técnica, pela aprovação ou rejeição, mas o julgamento definitivo é do Poder Legislativo. Nas contas de gestão, quem julga é o próprio TC. Sobrepreço num contrato ou fraude numa licitação são analisados nas contas de gestão. Desrespeito aos limites constitucionais de gastos em saúde e educação ou aos limites de gastos com pessoal e endividamento são objeto das contas de governo. As contas de governo envolvem a responsabilidade do Chefe do Executivo acerca dos macrorresultados das políticas públicas. As contas de gestão alcançam uma multiplicidade de responsáveis pelas ações setoriais e pontuais da Administração. Nem sempre um parecer favorável nas contas de governo corresponde a um julgamento pela regularidade das contas de gestão e vice-versa.

No momento, discute-se a possibilidade de o TCU emitir parecer prévio contrário às contas de 2014 da presidente da República, em virtude de inúmeras irregularidades apontadas na gestão fiscal. O curioso é que o Congresso Nacional não julga as contas de governo desde 2001. Em tese, a rejeição das contas pelo Poder Legislativo pode fundamentar um processo de *impeachment*.

Um dos principais obstáculos a uma fiscalização mais efetiva pelos TCs é a invocação, por exemplo, pela Petrobras e pelo BNDES, de um sacrossanto sigilo bancário, fiscal, comercial, etc., utilizado como pretexto para negar dados às auditorias. Em Mato Grosso, argumentos semelhantes foram utilizados para negar transparência aos incentivos fiscais concedidos pelo estado. Trata-se de um absurdo já condenado pelo STF, pois não pode haver sigilo na aplicação de recursos ou na renúncia de receitas públicas, porém não são poucas as manobras daqueles que se pretendem imunes ao controle da sociedade.

Outro aspecto polêmico é a inexistência de um órgão nacional que normatize e discipline a atuação dos 34 TCs existentes no país,[3] a exemplo do Conselho Nacional de Justiça em relação ao Poder Judiciário. A proposta de criação do Conselho Nacional dos Tribunais de Contas vem sendo debatida há anos, mas sem decisão pelo Congresso. Enquanto isso, não há uma Corregedoria nacional que processe infrações ético-disciplinares de membros dos TCs.

Uma das maiores críticas à atuação dos TCs é o critério previsto para escolha de ministros e conselheiros, que tem gerado diversas indicações polêmicas, em que a avaliação da capacidade técnica do futuro magistrado de contas é sobrepujada pela afiliação a grupos de interesses político-partidários. Questiona-se se tal composição influenciaria decisões, tornando-as menos rigorosas e técnicas. Nos Tribunais de Justiça e nos Tribunais Regionais Federais, 80% dos desembargadores são oriundos da magistratura concursada, que nos TCs corresponde aos conselheiros substitutos. Já nas Cortes de Contas ocorre o inverso, pois a previsão é de que apenas um entre sete conselheiros seja escolhido entre os conselheiros substitutos concursados, e mesmo assim em diversos TCs ainda não foi efetivada essa solitária presença. Note-se que na *Cour des Comptes* francesa, que inspirou a criação dos TCs brasileiros, assim como na totalidade dos TCs europeus, a grande maioria dos magistrados tem origem na carreira especializada da magistratura de contas.

Eis alguns importantes debates para o aprimoramento do controle externo brasileiro.

Publicado originalmente em *A Gazeta*, em julho de 2015.

---

[3] Atualmente são 33, pois em 2017 foi extinto o Tribunal de Contas dos Municípios do Ceará.

O CONTROLE QUE FUNCIONA

Muitos se surpreendem ao tomarem conhecimento da multiplicidade de controles a que o gestor público é submetido. Há os controles internos administrativos de cada órgão e há o controle interno sistêmico exercido pelas controladorias. Há o controle externo parlamentar, de competência do Poder Legislativo, e o controle externo técnico, sob a responsabilidade dos Tribunais de Contas. Há o controle jurisdicional, exercido pelo Poder Judiciário, mediante ações populares, ações civis públicas, mandados de segurança individuais e coletivos, ações de improbidade e outras, propostos por cidadãos e por órgãos como o Ministério Público e a Defensoria Pública. Há, finalmente, o controle social, praticado pelos conselhos deliberativos de políticas públicas e pelos cidadãos e associações que acessam os portais de transparência e recorrem às ouvidorias, bem como denunciam problemas aos meios de comunicação.

Todos esses controles têm previsão constitucional e legal, expressam a vitalidade de nossa democracia e destinam-se a assegurar princípios republicanos da Administração Pública, como a legalidade, impessoalidade, moralidade, publicidade, eficiência e transparência, e também a economicidade e legitimidade na aplicação dos recursos públicos.

O questionamento que sempre se faz é: como se explica que, com todos esses controles, ainda ocorram tantos desvios, tantas irregularidades, tantos episódios de corrupção? Como se permitiu que durante pelo menos dez anos se roubassem dezenas de bilhões de reais da Petrobras? Como não se evitaram os prejuízos bilionários nos fundos de pensão dos Correios, da Caixa Econômica? Como não detiveram o apetite insaciável da quadrilha que tomou de assalto o governo do estado do Rio de Janeiro? Como explicar em todo o país tantas obras inacabadas, superfaturadas e de péssima qualidade?

Em regra, essa discussão conduz a duas posições extremadas: uma proclama que é preciso ainda mais controle, porque o atual é insuficiente; outra sustenta que é urgente minimizar os controles, porque atrapalham quem quer fazer as coisas certas e não impedem os gestores bandidos ou incompetentes de produzirem graves danos à sociedade.

Penso que o debate mais produtivo não deve ter como foco a quantidade de controles, mas a sua qualidade. Quais os controles que funcionam e trazem aos cidadãos resultados efetivos, em termos de aprimoramento da gestão pública, não apenas na prevenção de fraudes, mas também na melhoria da efetividade das políticas públicas, ou seja, melhores indicadores de educação, saúde, segurança pública, etc.?

O controle formalista-burocrático não funciona. O controle *a posteriori* e intempestivo não funciona. O controle generalista e superficial não funciona. Quem tenta controlar tudo não controla o essencial.

O controle que funciona é o controle preventivo. O controle que funciona é o controle substantivo, que elege prioridades e acompanha *pari passu* a execução de projetos. O controle que funciona é aquele que orienta, esclarece e alerta. O controle que funciona é o que concentra e aprofunda sua fiscalização naquilo que é essencial, mediante critérios de materialidade, relevância, risco e oportunidade. O controle que funciona é o controle especializado em áreas como engenharia, previdência, tecnologia da informação e meio ambiente. O controle que funciona é o que utiliza ferramentas de inteligência artificial e monitoramento de alertas em repositórios de dados. O controle que funciona é aquele em que as diversas instituições envolvidas dialogam e atuam articuladamente em redes colaborativas.

Há muito que fazer para aprimorar a atuação do controle da Administração Pública brasileira. A criação do Conselho Nacional dos Tribunais de Contas, a edição de uma lei nacional disciplinando os processos de controle externo e a consolidação e profissionalização do controle interno são apenas algumas das mudanças imperativas. Mas antes é preciso definir com clareza que o controle necessário é o controle que funciona.

Publicado originalmente em *A Gazeta*, em fevereiro de 2017.

TRIBUNAIS DE CONTAS: FAZER O QUÊ?

Nas últimas semanas, inúmeras matérias na imprensa nacional criticaram com veemência a atuação dos Tribunais de Contas brasileiros e de alguns dos seus membros. A própria Associação dos Membros dos TCs, no seu Encontro Nacional em agosto, discutiu e aprovou propostas de alterações significativas no modo de atuação dessas Cortes. Aparentemente ninguém está satisfeito com o atual modelo de controle externo e todos desejam mudanças. Mas mudar para onde, em que direção, com qual objetivo?

O primeiro ponto a ser fixado é que na democracia o poder dos governantes não é absoluto, estando sujeito a regras e mecanismos de controle. O controle político é exercido pelo Parlamento, o constitucional-legal pelo Judiciário e o técnico-administrativo por uma instituição de controle externo, que examina os aspectos financeiros, contábeis, orçamentários, patrimoniais e operacionais da gestão pública.

Grande parte das críticas dirigidas aos TCs envolve a sua composição. Há no mundo dois grandes modelos para os órgãos de controle externo: as Auditorias Gerais, adotadas nos países de influência anglo-saxã, e os Tribunais de Contas, presentes nos países de cultura latina. Desde a proclamação da República, inspirado na França e na Itália, o Brasil adotou o modelo latino. Sucede que na França e na Itália a maioria dos magistrados de contas são profissionais concursados, que tiveram formação especializada e exerceram carreira técnico-jurídica na área de controle. No Brasil, há previsão que, dos sete conselheiros que compõem um TC estadual, apenas dois tenham origem em carreiras técnicas e, ainda assim, 26 anos após a Constituição de 1988, diversos TCs não observam essa norma.

Outro grave problema diz respeito à normatização da atuação dos TCs e à punição de desvios de conduta de seus membros. No Judiciário, após a implantação do Conselho Nacional de Justiça, estabeleceram-se objetivos e metas de desempenho e sua Corregedoria, respeitado o direito de defesa, penalizou desembargadores e ministros do STJ responsáveis por irregularidades, afastando-os definitivamente de suas funções. Infelizmente, o Congresso Nacional ainda não votou a criação do Conselho Nacional dos Tribunais de Contas e, na ausência desse órgão normatizador e corregedor, ocorrem situações como a de um conselheiro de Alagoas, condenado por homicídio, que exercia suas funções de julgador durante o dia e à noite recolhia-se à cadeia.

Também vale destacar que muitas importantes decisões das Cortes de Contas têm a sua efetividade comprometida por manobras jurídicas variadas. Um exemplo é o julgamento pela irregularidade das contas de gestores que, segundo a lei, é causa de inelegibilidade pelo período de oito anos. Todavia, em alguns casos, a Justiça comum ou a eleitoral adotam entendimentos flexíveis, permitindo o registro de candidaturas daqueles que já haviam sido reprovados pela gestão irregular de recursos públicos. Em outras situações, é a maioria do Legislativo que aprova contas de governo que haviam recebido parecer prévio contrário do TC.

Finalmente, é de se registrar o desconhecimento da maioria da população, inclusive nos meios acadêmico, político e jurídico, acerca dos resultados positivos da atuação do controle externo, especialmente no campo preventivo. Anualmente muitos bilhões de reais são economizados no país graças à adoção de medidas cautelares, à impugnação ou correção de editais e contratos, à glosa de despesas indevidas e também à adoção de determinações e recomendações visando ao aprimoramento da gestão pública. Há também diversos TCs com experiências bem-sucedidas de planejamento estratégico, controle de prazos, auditorias operacionais, estímulo ao controle social, etc.

O debate é relevante e necessário. A Administração Pública não pode prescindir do controle externo, que deve ser mais independente, mais técnico, mais efetivo, mais tempestivo e mais transparente.

Publicado originalmente em *A Gazeta*, em novembro de 2014.

UMA MENTIRA CONVENIENTE

Anos atrás foi premiado o documentário cinematográfico *Uma verdade inconveniente*, no qual se expunham inúmeras evidências factuais e científicas acerca do aquecimento global resultante da emissão de gases do efeito estufa.

Talvez não seja o caso de premiar, mas pelo menos registrar a incidência cada vez maior em nosso país de mentiras convenientes acerca da atuação dos Tribunais de Contas. A mais recente, de grande repercussão na imprensa nacional, ocorreu há poucos dias em terras gaúchas, quando uma alta autoridade da República proclamou pela enésima vez que as obras públicas no Brasil atrasam por culpa do Tribunal de Contas da União (TCU).

Nenhuma palavra sobre as planilhas superfaturadas, as medições manipuladas, os pagamentos irregulares, os termos de referência improvisados, os projetos básicos incompletos, as especificações de materiais defeituosas e direcionadas, o controle interno inexistente e deficiente, o planejamento incompetente, a propaganda retórica e demagógica, a execução inadequada e as práticas inidôneas. Nada. Nenhuma autocrítica. Nessa versão fantasiosa, só há um culpado e é conveniente que ele seja apontado e execrado desde o alto dos palanques oficiais. Trata-se do controle externo, técnico e independente, exercido pelas Cortes de Contas brasileiras.

O ingênuo cidadão que dá crédito a tais autoridades logo conclui que, sem controle externo e sem Tribunais de Contas, as obras públicas serão concluídas sem atrasos, além de mais baratas e de melhor qualidade. Ilusão. Basta conferir os dados oficiais.

O TCU fiscaliza as obras públicas em obediência a sua missão constitucional e segundo normas previstas nas leis de diretrizes orçamentárias. No último exercício, foram fiscalizados 136 empreendimentos, cujo orçamento somado ultrapassa R$34,5 bilhões. Foram encontradas irregularidades graves em 84 obras, mas o TCU recomendou a suspensão em apenas sete. Nas demais, foram determinadas correções diversas ou retenção parcial de valores e execução de garantias, medidas alternativas que visam à preservação dos recursos públicos sem interrupção dos trabalhos.

Note-se que a fiscalização de obras públicas pelos Tribunais de Contas tem por objetivo exatamente combater a praga das obras que são iniciadas e depois abandonadas, por defeitos de planejamento, por insuficiência orçamentária ou mesmo por mudança de gestores e de prioridades. Graças a tal fiscalização, evitam-se novos fenômenos como o do escândalo do TRT paulista, conhecido como "caso do juiz lalau", em que os cofres públicos continuaram jorrando verbas para a construção do prédio, mesmo depois de comprovado o desvio de dezenas de milhões de reais.

Apenas no exercício passado, o benefício financeiro apurado com as ações do TCU ficou em torno de R$1,2 bilhão. No que concerne aos recursos federais destinados às obras da Copa do Mundo, a atuação do TCU já propiciou ao país uma economia de cerca de R$650 milhões, em ajustes nos editais e reduções contratuais. Resultados similares têm sido alcançados pelos TCEs.

Entre as irregularidades constatadas nas auditorias de obras, 49% decorrem de falhas no projeto e 46% de sobrepreço ou superfaturamento. Das obras paralisadas no país, 52% têm como causa deficiência no fluxo orçamentário-financeiro, 2% questões ligadas ao licenciamento ambiental e apenas 1% tem origem em deliberação do TCU.

Assim, apontar os órgãos de controle como culpados é mais do que conveniente para mascarar a incapacidade dos executivos de planejar, coordenar e executar os investimentos que apregoam como prioritários. Culpar quem denuncia as falhas é sempre mais confortável do que as admitir e dá muito menos trabalho que se esforçar para corrigi-las.

Uma democracia madura dispensa as mentiras convenientes, mesmo das mais altas autoridades. E não dispensa a atuação independente e técnica dos órgãos de controle externo.

Publicado originalmente em *A Gazeta*, em novembro de 2013.

CONSELHEIROS PARA SERVIR A QUEM?

"Nomear um mau juiz equivale a chamar ao templo um mau sacerdote, dotar a igreja de um mau pontífice. Se há expiações eternas, ninguém as merece mais do que o sacrílego autor de tal atentado. Um funcionário incapaz estraga a Administração. Um juiz indigno corrompe o direito, ameaça a liberdade e a fortuna, a vida e a honra de todos, ataca a legalidade no coração, inquieta a família, leva a improbidade às consciências e a corrupção às almas" (Ruy Barbosa, *As ruínas da Constituição*).

A advertência de Ruy Barbosa, considerado o patrono dos Tribunais de Contas brasileiros, deveria ser objeto de reflexão por parte dos responsáveis pela escolha de conselheiros nos TCs. Às vésperas das convenções partidárias para escolha de candidatos e formação de alianças eleitorais, assistiu-se no Brasil a uma sequência de aposentadorias antecipadas de conselheiros, associadas a negociações em que o preenchimento de vagas obedeceu a conveniências de grupos partidários. Na Bahia, por exemplo, foram indicados três conselheiros de uma só vez, cada um oriundo de uma das facções que dão sustentação parlamentar ao governo local. Em outros estados, do Sul ao Nordeste, tem sido frequente a indicação para cargos de conselheiros de pessoas da intimidade de autoridades, sem maior comprovação de cultura jurídica ou conhecimentos de finanças públicas indispensáveis para os futuros julgadores das contas governamentais. A imprensa nacional tem registrado ostensivas barganhas envolvendo acordos para vagas futuras, até mesmo no TCU.

É curioso que o fenômeno ocorra na contramão do sentimento generalizado que exige maior efetividade na atuação dos órgãos de controle externo, especialmente na prevenção de danos ao erário e na responsabilização dos que fazem mau uso do dinheiro público. Tal efetividade somente será concretizada com o aprimoramento técnico das Cortes de Contas, inclusive de seus julgadores, e consequentemente de suas decisões.

Somente haverá justiça quando o magistrado de contas desempenhar suas funções com independência, serenidade e imparcialidade. Imparcialidade implica estar imune a paixões partidárias ou preferências pessoais e despido de quaisquer preconceitos. Serenidade significa o equilíbrio na formulação dos votos, observando o devido processo legal e o amplo direito de defesa. Independência exige o zelo pela dignidade do cargo, sujeitando-se tão somente às deliberações dos Colegiados.

Para alcançar tais objetivos, a Constituição previu que os membros dos TCs, além de satisfazer requisitos de idade e nacionalidade, deveriam possuir idoneidade moral e reputação ilibada, notórios conhecimentos jurídicos, contábeis, econômicos, financeiros e de administração pública, bem como mais de dez anos de exercício de função ou atividade profissional que exija tais conhecimentos.

Será que, no afã de contemplar interesses diversos, tais requisitos estão sendo devidamente observados? Será que as escolhas têm privilegiado os melhores nomes capazes de servir à sociedade? Porque as indicações têm sido restritas a conciliábulos em vez de um processo transparente em que cidadãos qualificados pudessem submeter seus nomes ao exame das autoridades responsáveis pela escolha?

Seria oportuno que todos os candidatos à presidência da República e aos governos estaduais, bem como ao Legislativo, assumissem o compromisso de aprimorar o método de escolha dos futuros ministros e conselheiros dos TCs, cumprindo escrupulosamente a previsão constitucional.

Não há democracia sem controle sobre a gestão pública. O controle tecnicamente frágil ou politicamente enviesado debilita a democracia e não contribui para a melhoria da Administração. É fundamental que haja um acompanhamento próximo das atividades dos TCs, que lhes sejam cobrados resultados e que as indicações de ministros e conselheiros sejam objeto de amplo debate público.

Publicado originalmente em *A Gazeta*, em setembro de 2014.

POLÍTICOS OU TÉCNICOS?

Uma das mais estéreis discussões que tenho presenciado é a que tenta contrapor indicações de natureza supostamente "técnica" a outras consideradas "políticas". Tenho acompanhado essa polêmica tanto no que concerne à escolha de ministros ou secretários de estado, como em relação a ministros do STF e conselheiros de Cortes de Contas. A confusão deriva da má compreensão ou do mau uso das expressões "político" e "técnico".

Político não é apenas aquele que exerce mandato parlamentar, disputa eleições e milita em partidos. Político é todo cidadão engajado no debate de temas de interesse geral, preocupado com soluções para os problemas da coletividade e interessado no aprimoramento das políticas públicas. Pelo menos é o que ensinava Aristóteles em Atenas no século V a.C., quando os cidadãos eram divididos em duas categorias: os políticos e os idiotas, em que os últimos cuidavam somente de seus interesses pessoais, enquanto os primeiros dedicavam-se à busca do bem comum.

De outro lado, não existe a possibilidade de encontrarmos um técnico "puro", imune a quaisquer simpatias, preferências ou opiniões de natureza filosófica ou ideológica. O fato de um indivíduo ser apartidário, isto é, não ser filiado, contribuinte ou simpatizante de determinado partido político, não significa que não possa tomar partido em relação a determinada questão relevante na vida pública: pena de morte, união homoafetiva, radares no trânsito, restrição à propaganda de cigarros, etc.

O cientista que apresenta uma tese numa audiência pública no STF, por exemplo, no debate sobre o aborto de fetos anencéfalos, sem dúvida contribui para respaldar tecnicamente uma decisão jurídica, porém, inevitavelmente, expressa uma opinião com conteúdo político, ou seja, a favor ou contra determinada proposição que esteja sendo examinada. Tanto é assim que no citado debate houve respeitados pesquisadores defendendo teses diametralmente opostas. Não discordavam sobre aspectos técnicos propriamente ditos, mas sobre a interpretação política e moral dos dados científicos disponíveis.

De igual forma, não há dúvida quanto ao conteúdo político, embora não partidário e eleitoral, de diversas decisões juridicamente fundamentadas do Poder Judiciário e dos TCs, bem como de iniciativas do Ministério Público.

Tal afirmação não deve ser vista com espanto ou horror, mas com naturalidade no quadro do Estado Democrático de Direito em que todo poder, por definição, é político.

É hipocrisia insistir em sustentar a lenda de que tudo o que é político é sujo, cheira mal e é corrupto, e que somente técnicos absolutamente imunes às paixões humanas são capazes de produzir soluções ótimas para a sociedade. Tais seres não existem, nem nas mais sofisticadas provetas da engenharia genética e social.

Digo isso na qualidade de servidor público, selecionado tecnicamente em diversos dos concursos públicos mais difíceis do país. Conheci magistrados de origem técnica que se rebaixaram, desmoralizaram e corromperam, arrastados pela sofreguidão política de serem alçados a cargos maiores. Alguns até realizaram sua ambição, mas ao preço de destruir sua reputação e paz de espírito. Houve casos de cirurgiões respeitados nas suas especialidades, cuja gestão na saúde pública produziu rombos multimilionários e conduziu-os à merecida cadeia.

Assim, não creio nessa falsa dicotomia.

O bom político tem que ser bom gestor, uma vez que o desperdício de recursos públicos em razão de incompetência gerencial é bem maior que o volume desviado pela corrupção. O bom técnico tem que ter sensibilidade política e ponderar a repercussão social de cada uma das alternativas de decisões que lhe cabe adotar ou recomendar. O político deve procurar rigor técnico para respaldar suas posições. O técnico deve atuar com democrática paciência e humildade para ouvir demandas contraditórias de uma sociedade plural.

Há que buscar um equilíbrio entre a capacidade técnica e a maturidade política, e somar a inteligência emocional à idoneidade moral e ao saber formal.

Publicado originalmente em *A Gazeta*, em junho de 2017.

A NOVA LEI DOS SUBSTITUTOS

A Presidente da República sancionou sem vetos a Lei nº 12.811/2013. Trata-se de uma importante norma que disciplina a atuação dos ministros substitutos do Tribunal de Contas da União, que o §4º do art. 73 da Constituição de 1988 denominou auditores, em homenagem à nomenclatura histórica que remonta a 1918.

O art. 3º da nova lei consagra a nomenclatura de ministros substitutos para o cargo, positivando orientação já constante do Regimento Interno do TCU, bem como de inúmeras leis estaduais que denominaram conselheiros substitutos os cargos anteriormente designados como auditores substitutos de conselheiro.

Na realidade, a denominação de auditores, constante do texto constitucional original, causa alguma confusão porque diversas outras carreiras no serviço público e na iniciativa privada também ostentam a mesma expressão, a exemplo dos fiscais da Receita, cujo cargo é de auditores fiscais da Receita Federal, ou dos auditores do controle interno ou externo, ou ainda dos chamados auditores independentes que emitem pareceres sobre as demonstrações financeiras das sociedades empresariais. Os integrantes de tais carreiras desenvolvem atividades de enorme importância para a sociedade, porém completamente distintas das que a Carta Magna atribui aos auditores dos Tribunais de Contas.

Os ministros e conselheiros substitutos são selecionados em concursos públicos de provas e títulos, quiçá entre os mais difíceis do país, não apenas pela enorme concorrência para pouquíssimas vagas, mas também pela exigência de aprofundados conhecimentos nas múltiplas ciências do Direito, da Economia, da Contabilidade e da Administração Pública. Sua função precípua é substituir os ministros e conselheiros titulares nas suas ausências e impedimentos legais, tais como férias e licenças, ou na hipótese de vacância. Quando em substituição, detêm as mesmas prerrogativas dos titulares. No exercício das demais atribuições da judicatura, presidem a instrução de processos, relatando-os com propostas de decisões submetidas ao órgão colegiado ao qual estiverem vinculados. Ademais, têm competência para proferir decisões monocráticas. Assim, exercem verdadeira magistratura na jurisdição especializada das contas públicas. Por essa razão, os ministros substitutos encontram paralelo nos juízes de Tribunal Regional Federal, e os conselheiros substitutos, nos juízes de entrância especial dos Tribunais de Justiça.

Reconhecendo a capacidade técnica dos substitutos, a Constituição da República previu que, na composição dos Tribunais de Contas, um terço dos ministros ou conselheiros seria indicado pelo Poder Executivo, e desses um seria obrigatoriamente na origem ocupante do cargo de ministro ou conselheiro substituto, escolhido a partir de lista tríplice, elaborada segundo critérios de antiguidade no cargo e merecimento. Essa norma já foi aplicada no TCU e na grande maioria dos Tribunais de Contas estaduais, com excelentes resultados para a qualidade dos debates e o conteúdo das decisões colegiadas. Inúmeras decisões unânimes do Supremo Tribunal Federal têm enaltecido a importância dessa regra e exaltado a dignidade constitucional do cargo dos ministros e conselheiros substitutos.

Cumpre-nos, portanto, elogiar o Congresso Nacional e a Presidente da República pela relevante decisão que reconhece a estatura constitucional dos substitutos de ministros e conselheiros dos Tribunais de Contas brasileiros.

Publicado originalmente em *A Gazeta*, em maio de 2013.

CENTENÁRIO DE UM CARGO REPUBLICANO

Em janeiro de 1918, o presidente Wenceslau Braz sancionou a Lei nº 3.454, que fixou a "Despeza Geral da República dos Estados Unidos do Brasil para o exercício de 1918". A leitura da norma é muito interessante sob os aspectos histórico, jurídico, financeiro e político. É curioso assinalar que, apesar das diferenças na ortografia oficial e na técnica legislativa, alguns temas ainda hoje críticos na Administração Pública brasileira já eram objeto de dispositivos legais, nem sempre cumpridos. Destaco especialmente o artigo 162, cujo inciso XXVII, parágrafo segundo, letra "b" criou, na organização administrativa pátria, o cargo de Auditor do Tribunal de Contas, com a competência de relatar os processos de contas perante a Câmara de julgamento, além de substituir os ministros em suas faltas e impedimentos. Essa norma é a origem dos atuais cargos de ministros substitutos do TCU e conselheiros substitutos dos TCs, cuja importância foi expressamente destacada 70 anos depois, na Constituição Cidadã de 1988.

Assim, desde a centenária criação do cargo, os membros substitutos dos TCs possuem atribuições de judicatura e lhes são exigidos profundos conhecimentos jurídicos, contábeis, econômicos, financeiros e de gestão pública. Também desde a origem, os então denominados auditores não se confundiam com o corpo instrutivo do Tribunal, composto à época pelos "escripturarios", função hoje desempenhada pelos auditores e técnicos de controle externo.

É impressionante constatar que até os dias atuais existem Cortes de Contas cuja composição, organização e funcionamento encontram-se em flagrante dissonância com as normas constitucionais, com a jurisprudência do STF e, inclusive, com as centenárias disposições da Lei nº 3.454/1918!

Há TCs que até hoje não criaram e nem proveram os cargos de Conselheiro Substituto; há alguns que o fizeram, mas não lhes conferem a relatoria de processos; há um que atribui aos conselheiros titulares o poder de designar servidores para atuar como substitutos em total desobediência à exigência de concurso público específico. Isso sem falar em numerosas outras situações do cotidiano, como estruturas regimentais e administrativas orientadas para colocar em posição de subalternidade os titulares de cargos que, por força de suas prerrogativas, não devem subordinação hierárquica a ninguém e são vitalícios desde a posse.

E é preciso mencionar os diversos TCs que, nos 30 anos de vigência da Carta de 1988, nunca cumpriram a determinação de selecionar conselheiros a partir de listas tríplices de integrantes das carreiras concursadas de conselheiros substitutos e procuradores de contas. Enfim, observa-se uma obstinada resistência a uma composição e atuação com maior conteúdo técnico nos órgãos de controle.

Apesar disso, os 126 conselheiros e conselheiras substitutos que atuam nos 33 TCs brasileiros têm desempenhado um extraordinário papel no aprimoramento do controle externo brasileiro, contribuindo para a detecção de fraudes, correção de rumos e melhoria dos resultados das políticas públicas. Sua qualificação acadêmica tem sido determinante para a modernização dos procedimentos de fiscalização e a evolução jurisprudencial dos órgãos de controle, cada vez mais concentrados em atuações preventivas e de orientação aos gestores públicos. Em algumas situações de grave crise institucional em que houve determinação judicial de afastamento da maioria dos membros titulares, são os conselheiros substitutos que têm assegurado o cumprimento da missão constitucional dos TCs, uma vez que não há democracia sem controle externo e independente da Administração Pública.

Assim, parabéns aos colegas ministros e conselheiros substitutos, em exercício ou aposentados, pela passagem do primeiro centenário de tão relevante cargo republicano. Nossa homenagem aos pioneiros que o exerceram com dignidade ao longo desse período e nossa esperança de que possamos merecer o reconhecimento pela sociedade brasileira de nossa capacidade de construir o futuro do controle externo.

Publicado originalmente em *A Gazeta*, em janeiro de 2018.

UM CARGO QUASE DESCONHECIDO

Recentemente, por indicação de um amigo, li o livro *Os onze*,[4] dos jornalistas Felipe Recondo e Luiz Weber, que relata bastidores da atuação dos ministros do Supremo Tribunal Federal, desde o julgamento do Mensalão aos dias atuais. A leitura é agradável e a recomendo aos que se interessam em acompanhar a nossa vida pública.

Numa passagem, é mencionada a obra do ex-ministro Aliomar Baleeiro que se referia ao Supremo como "o outro desconhecido", registrando que àquela época o STF raramente era objeto de atenção da imprensa.

A referência recordou-me que o cargo que exerço, de Conselheiro Substituto do Tribunal de Contas, também é objeto de grande desconhecimento. Só que, ao contrário daquele STF, esse desconhecimento tem se propagado por meio de inúmeras declarações e comentários públicos que terminam por desinformar as pessoas.

Nosso cargo é centenário, tem natureza constitucional e exerce atribuições de judicatura. Exige prévia aprovação em concurso de provas e títulos, além de requisitos como formação acadêmica, experiência profissional e ficha limpa, ou seja, idoneidade moral e reputação ilibada, comprovadas por um sem-número de certidões da Justiça Federal, Estadual, Militar, etc.

É centenário porque foi criado, no âmbito do TCU, em 1918, pela Lei nº 3.454. Recebeu o nome de Auditor do Tribunal de Contas, conforme a tradição da época, nomenclatura que foi mantida na Constituição de 1988. Como, nas últimas décadas, multiplicaram-se outros cargos, como "auditor fiscal", "auditor previdenciário" ou "auditor de

---

[4] RECONDO, Felipe; WEBER, Luiz. *Os onze*: o STF, seus bastidores e suas crises. São Paulo: Companhia das Letras, 2019.

controle", a legislação federal hoje utiliza também a forma de ministro substituto e, nos estados, conselheiro substituto. Assim, o auditor, cargo constitucional, não se confunde com os demais auditores, relevantes carreiras de Estado, responsáveis pelos trabalhos de fiscalização.

Desde a sua gênese, os ministros e conselheiros substitutos exercem atribuições de judicatura, isto é, presidem a instrução dos processos de controle externo, adotando diversas espécies de decisões monocráticas acerca da admissibilidade ou não de processos, notificações e citações de gestores e responsáveis pela aplicação de recursos públicos, e emitindo julgamentos singulares e medidas cautelares. Além disso, também há mais de um século, os substitutos são convocados a substituir os titulares nos órgãos colegiados, quando de sua ausência, por qualquer motivo, ou vacância, nos casos de morte, aposentadoria ou renúncia.

Aí reside uma primeira confusão: os substitutos substituem, mas não são reservas. Não é como no futebol, em que o reserva fica sentado no banco vendo o jogo e aguardando a oportunidade de entrar em campo, em caso de contusão ou necessidade tática. Enquanto não estão substituindo nos órgãos colegiados, os substitutos trabalham normalmente presidindo e relatando milhares de processos de sua responsabilidade direta. Quando convocados, seu trabalho duplica.

Outra confusão muito comum é imaginar que os substitutos são de alguma maneira subordinados aos ministros e conselheiros titulares. Tribunal não é quartel em que o soldado bate continência ao cabo e assim por diante. Não há hierarquia nenhuma entre substitutos e titulares, apenas atribuições diferentes. Da mesma forma que o juiz de direito não é subordinado ao desembargador, e o promotor não é subordinado ao procurador de justiça. Isso, aliás, está muito claro na própria Constituição. Tanto é assim que, quando convocado, o voto do Substituto no Pleno tem o mesmo peso do voto do titular.

Outro dia, numa das declarações mais infelizes dos últimos tempos, afirmou-se que os titulares seriam como médicos habilitados a tratar dos gestores e os substitutos não passariam de enfermeiras, qualificadas apenas para cuidados ambulatoriais. Sandice completa. Primeiro, porque ignora e desmerece o papel da enfermagem. Segundo, porque desconsidera que os substitutos precisam ser aprovados em dificílimos concursos públicos, com provas objetivas, discursivas, orais e de títulos em múltiplas disciplinas jurídicas, econômicas, contábeis e de administração pública, não sendo razoável atribuir-lhes uma qualificação técnica insuficiente ou limitada para o exercício de suas funções no controle externo.

Mesmo em parte desconhecidos ou incompreendidos, os ministros e conselheiros substitutos têm realizado um importante trabalho em prol do Brasil e do controle externo.

Publicado originalmente em *A Gazeta*, em outubro de 2019.

A VAGA NO TCE CUSTOU CARO

Em recente evento social fui indagado, em tom meio de brincadeira, quanto tinha custado a minha vaga de Conselheiro Substituto no TCE-MT. Não fugi do tema. Refleti, fiz as contas e respondi: foi muito caro.

Para conseguir ser Conselheiro Substituto, tive que passar em concurso público de provas e títulos que atraiu centenas de candidatos de todo o país para apenas três vagas. Fiz provas de Controle Externo, Direito Constitucional, Direito Administrativo, Direito Tributário, Direito Civil, Orçamento e Contabilidade Pública, Legislação Especial, Auditoria, Finanças Públicas, Lei de Responsabilidade Fiscal e Língua Portuguesa. Todas as provas eram eliminatórias, exigindo-se pelo menos 50% de aproveitamento em cada uma. Além disso, houve prova discursiva de cinco matérias, também eliminatória. Somente em livros dessas disciplinas apliquei cerca de R$3 mil. Calculo que outros R$3 mil foram investidos em cursos preparatórios e participação em eventos técnicos e científicos nessas áreas.

Para passar em um concurso desse nível, é preciso fazer vários. É como no esporte: ninguém chega ao pódio nas Olímpiadas sem disputar muitos campeonatos regionais, nacionais e continentais. No meu caso, participei de seis concursos ao longo de dois anos: para ministro substituto do TCU e para conselheiro substituto dos TCs de SC, SP, GO, AM e MT. No TCU, fui muito bem, mas não fiquei entre os dez primeiros que passaram às etapas seguintes. Em SC e GO, cheguei até a segunda fase. Fui aprovado no Amazonas e em Mato Grosso. Em SP, estava muito bem classificado, mas desisti na terceira fase, pois já tinha decidido assumir o cargo em MT. Assim, estimo que gastei mais uns R$700,00 em taxas de inscrição e outros R$5 mil em passagens aéreas e hospedagem.

Ademais, foi exigido que apresentasse ficha limpíssima, a saber: além de cópias autenticadas de diplomas e documentos, também atestados médico e psiquiátrico e certidões da justiça eleitoral, justiça militar estadual e federal, e justiça comum estadual e federal, abrangendo todo tipo de ações penais e cíveis. Cabe uma digressão, indagando se tais requisitos não deveriam também ser exigidos para outros cargos relevantes da República. O custo dos exames médicos e das cópias em cartórios excedeu R$500,00. Até agora, a soma ultrapassa R$12 mil.

O custo maior foi o do tempo. Nunca fui estudante profissional e, portanto, precisei estudar além da minha carga horária como auditor federal de controle externo do TCU, invadindo o tempo reservado ao descanso, lazer, convivência familiar e outras atividades acadêmicas como professor. Estimo que cada disciplina consumiu umas cem horas de estudo, totalizando 1.200 horas. Qual o valor de uma hora de sono quando se está cansado? Qual o valor de uma hora no domingo de manhã em que você gostaria de levar a criança ao parque, ou o valor de deixar de ir ao cinema com a esposa para ficar estudando em casa? Sei que o cálculo é subjetivo, mas posso garantir que é alto o valor de cada uma dessas horas. Posso comparar pelo valor das aulas que deixei de ministrar em cursos de pós-graduação de várias universidades pelas quais recebia em média R$200,00/hora. Assim, numa estimativa conservadora, teríamos mais de R$200 mil.

Não acabou. As provas de títulos são importantes na classificação final do concurso e eu possuo títulos de especialista, mestre e doutor, além de autor de livros técnicos e artigos publicados em revistas científicas no Brasil, Portugal, México e EUA. Qual o custo desses títulos que me ajudaram a ser o primeiro entre os empossados? De novo: milhares de horas de estudo e leitura de dezenas de livros. Um custo muito alto.

Assim, serenamente respondi à pergunta: foi muito caro tornar-me Conselheiro Substituto, mas tenho orgulho de cada passo dessa trajetória. Afinal, minha vaga não foi comprada, alugada ou negociada: foi conquistada!

Se você, leitor, estiver disposto a pagar esse preço, há vagas de conselheiros substitutos em diversos TCs e haverá novos concursos em breve. Bons estudos e boa sorte!

Publicado originalmente em *A Gazeta*, em abril de 2018.

QUEM TEM MEDO DO CONCURSO?

O concurso público é um método de seleção de servidores públicos cuja origem remonta há mais de dois mil anos na China Imperial. Pretendendo modernizar a Administração, um dos imperadores de então rompeu com o tradicional sistema hereditário e abriu um processo de recrutamento para os cargos de mordomo da corte em que jovens de diferentes aldeias puderam apresentar suas candidaturas e tiveram suas aptidões aferidas antes da escolha final.

Hoje o concurso público é um instrumento fundamental para garantia do cumprimento dos princípios constitucionais da Administração Pública: legalidade, impessoalidade, moralidade, publicidade e eficiência. Mediante o processo de concurso, busca-se atingir dois objetivos característicos de uma sociedade democrática.

O primeiro é assegurar que importantes funções no serviço público serão desempenhadas pelos indivíduos mais aptos e mais bem preparados, de acordo com critérios objetivos, divulgados com antecedência e publicamente, mediante edital. A aplicação de provas e a avaliação de títulos são realizadas por instituições especializadas e o seu conteúdo e grau de dificuldade é relacionado com a relevância e a complexidade das atribuições de cada cargo.

O segundo é permitir a todos os brasileiros, e em alguns casos mesmo a estrangeiros residentes no país, a oportunidade de acesso a carreiras no serviço público que lhes proporcionem, além da realização profissional, estabilidade financeira e *status* social.

Assim, o concurso público, além de ser uma obrigação constitucional, que todos os gestores devem observar, é uma importante ferramenta para o aprimoramento e a modernização administrativa, a que todos os cidadãos deveriam almejar.

No entanto, é impressionante como tantos ainda resistem, relutam, postergam, tergiversam e, ao fim, não decidem e não realizam concursos públicos. Isso se observa, principalmente, nas esferas estaduais e municipais, embora, nos últimos anos, também na esfera federal se tenha assistido a um crescimento significativo da criação de "cargos em comissão", popularmente conhecidos como "cargos de confiança", aqueles para cuja nomeação não se exige concurso público. Curiosamente, mas não por acaso, a imensa maioria dos envolvidos em escândalos de corrupção, desde o mensalão em 2005 até a mais recente Operação Porto Seguro, não é de servidores públicos concursados, mas de pessoas nomeadas para "cargos de confiança" que se utilizaram de suas posições para favorecer interesses privados em detrimento da sociedade brasileira.

Enquanto isso, órgãos importantes da Administração Pública e carreiras essenciais para o desempenho das funções estatais passam longos anos sem realizar concursos. O quadro de servidores envelhece e muitos se aposentam, sendo precariamente substituídos mediante terceirizações ilegais, que não asseguram qualidade de serviço para o Poder Público e nem estabilidade para o contratado.

Quem tem medo do concurso público? Não é difícil responder à pergunta. São os gestores atrasados, viciados nas antigas práticas do nepotismo e do apadrinhamento, descomprometidos com a democracia, o interesse público e a qualidade da gestão.

Publicado originalmente em *A Gazeta*, em dezembro de 2012.

CONCURSO PARA CONSELHEIRO? JÁ EXISTE!

No rastro da indignação geral com os episódios que levaram o Superior Tribunal de Justiça a determinar a prisão de cinco dos sete conselheiros do TCE-RJ, inúmeras matérias na imprensa e comentários em programas de rádio e tevê defenderam que a escolha de conselheiros passasse a ser feita mediante concurso público de provas e títulos. A causa é apresentada como se fosse uma grande novidade, mas na realidade não é. Já existe concurso para conselheiro de Tribunais de Contas. Explico.

Pelas atuais regras constitucionais, um único ministro do TCU deve ser escolhido pelo presidente da República a partir de uma lista tríplice composta por ministros substitutos concursados. Atualmente essa vaga é ocupada pelo ministro Benjamin Zymler, primeiro colocado no concurso para ministro substituto realizado em 1996 e que se tornou titular em 2001. Nos TCs estaduais e municipais, apenas um dos sete conselheiros deve ser escolhido a partir de lista tríplice de conselheiros substitutos concursados, o que já ocorreu em 23 estados, mas ainda não em AC, BA, MT e RR.

Os concursos para substitutos de conselheiros e ministros são dificílimos, compreendendo provas objetivas, discursivas, orais e de títulos de mais de uma dúzia de disciplinas nos campos das ciências jurídicas, econômicas, contábeis e da administração. Apenas na área de direito são cobradas questões de direito constitucional, administrativo, financeiro, tributário, previdenciário, civil, penal e processual civil. Em regra, é exigida uma nota mínima de 50% em cada uma dessas disciplinas, sob pena de eliminação, ainda que o candidato tenha obtido 100% em algumas delas.

Ademais, os candidatos devem preencher todos os requisitos exigidos para o cargo de ministro ou conselheiro titular, como a idade mínima de 35 anos. Os notórios conhecimentos técnicos são aferidos na exigência de formação de nível superior e nas provas. É preciso também comprovar documentalmente experiência mínima de 10 anos de efetivo exercício em cargo ou atividade que exija o domínio de tais conhecimentos.

Quanto ao requisito de idoneidade moral e reputação ilibada, os futuros ministros e conselheiros substitutos são obrigados a apresentar uma penca de certidões negativas das justiças federal, estadual e eleitoral, e de todas as varas cíveis e criminais, além de atestados de aptidão física e sanidade mental-psicológica. Eu mesmo tive que apresentar toda essa documentação em 2009 quando tomei posse como melhor colocado no primeiro concurso para conselheiro substituto do TCE-MT. Não se tem notícia no Brasil de que exigências semelhantes tenham sido feitas quando da escolha de membros não oriundos da carreira concursada de conselheiros substitutos.

Além disso, tais concursos são muito disputados, com cada uma das poucas vagas sendo almejada por centenas de candidatos altamente preparados e de todas as regiões do país. Nas suas diversas fases, estende-se sempre por mais de um ano, em alguns casos mais de dois anos, entre o edital e a posse dos selecionados. Finalmente, como os aprovados exercem o cargo por vários anos, há sempre um grande intervalo entre um concurso e o próximo.

Por tais razões, são considerados pelos especialistas como os concursos públicos de maior grau de exigência e dificuldade.

No entanto, lamentavelmente, em muitos Tribunais de Contas os conselheiros substitutos não são devidamente aproveitados e as suas prerrogativas constitucionais não são plenamente respeitadas.

No momento em que a sociedade clama por uma maior presença técnica na composição dos Tribunais de Contas e até por "concurso para conselheiros", por que não escolher um maior número de ministros e conselheiros a partir daqueles concursados que já demonstraram condições e capacidade para exercer com dignidade e independência essa nobre função? Entre tantas complexas reformas constitucionais em debate, essa mereceria imediata aprovação.

Publicado originalmente em *A Gazeta*, em abril de 2017.

CONCURSADOS NÃO SÃO SANTOS

Quando se defende que o acesso a cargos públicos seja feito pela via do concurso público, não se está a proclamar que as pessoas assim selecionadas sejam dotadas de superpoderes ou possuam intrínseca superioridade moral em relação ao comum dos mortais. Sabemos que não é assim. Os indivíduos que logram aprovação em concurso público estão sujeitos às mesmas circunstâncias e tentações de todos com quem convivem em determinado ambiente e muitos a elas sucumbem.

No país há diversos exemplos de autoridades e servidores concursados envolvidos em corrupção, sejam juízes, promotores, defensores, médicos ou fiscais de tributos, como visto no recente escândalo da máfia do ISS da prefeitura paulistana. A corrupção e as pequenas fraudes, como forjar atestados de doença para justificar ausências, são fenômenos de nossa sociedade e não há nenhuma casta de vestais que possa se proclamar totalmente imune aos seus efeitos.

Ainda assim, o concurso público é o método mais democrático para assegurar a prevalência de três importantes princípios constitucionais da Administração Pública: a publicidade, a impessoalidade e a eficiência.

A publicidade, porque o edital do concurso torna pública a existência de vagas para cargos governamentais, o interesse da Administração em preenchê-las, bem como os requisitos e condições para habilitação dos candidatos. Sem concurso público, tais informações tornam-se sigilosas e seu conhecimento é reservado aos círculos mais próximos da intimidade dos poderosos, que rapidamente se articulam para ocupá-las. Trava-se com a sociedade um jogo de dissimulação, buscando restringir a competição por meio da opacidade.

A impessoalidade, porque o concurso é aberto a todos os cidadãos que satisfaçam as exigências de escolaridade, formação, experiência e desempenho, previstas no edital de seleção e de acordo com as características de cada cargo. O critério de aprovação não é mais a parentela ilustre ou as indicações arbitrárias ao talante de humores dos mandatários de plantão, que tantas vezes mimetizam o venenoso espetáculo de lisonjas e intrigas que assinalava nas cortes medievais quem se tornava favorito e quem caía em desgraça. Passa a ser, simplesmente, o resultado alcançado nas diversas etapas do processo, como provas objetivas, discursivas, orais e de títulos. A realização de concursos para carreiras de Estado tem, progressivamente, derrubado barreiras de gênero e origem geográfica, étnica e social, contribuindo para o fortalecimento das instituições republicanas.

E a eficiência, porque os concursados não devem vassalagem a este ou àquele responsável por sua indicação, mas possuem compromisso apenas com a sociedade para a qual trabalham e que lhes remunera. Ademais, os concursos tendem a selecionar os mais aptos e preparados para o desempenho das funções estatais, favorecendo a obtenção de melhores resultados na execução de políticas públicas. A estabilidade no serviço público, vista por alguns como um problema que engessa a liberdade do gestor, na realidade é uma proteção ao concursado diante de eventuais perseguições e uma garantia para o exercício com independência de seus misteres.

Tudo isso faz com que seja muito importante aprimorar o processo de realização de concursos públicos em nosso país. É necessário assegurar que eles sejam realmente públicos e organizados por instituições idôneas e que, por exemplo, as provas seletivas sejam bem elaboradas, coerentes e pertinentes com o rol de atribuições dos cargos a que se destinam. Malgrado algumas iniciativas, o Brasil ainda não dispõe de uma lei geral de concursos públicos, que seria bem-vinda para regular certos abusos e falhas. Também é indispensável a redução dos cargos em comissão e das contratações temporárias.

Em suma, concursados não são santos, mas a via do concurso público é o caminho seguro e necessário para o aprimoramento da gestão pública brasileira.

Publicado originalmente em *A Gazeta*, em julho de 2014.

O DIA DO AUDITOR DE CONTROLE EXTERNO

Em 27 de abril, celebrou-se o Dia Nacional do Auditor de Controle Externo, com inúmeros debates e atividades em todo o país. O Auditor de Controle Externo é o servidor público que atua na área finalística dos Tribunais de Contas brasileiros, desenvolvendo atividades de fiscalização e análise e instrução de processos de controle externo. Embora relativamente pouco conhecida, trata-se de uma das mais importantes carreiras de Estado e seus profissionais são selecionados em concursos públicos rigorosos e muito disputados, que exigem formação multidisciplinar e domínio de disciplinas jurídicas, contábeis, econômicas e de Administração Pública, entre outras.

Há vinte anos fui empossado Auditor Federal de Controle Externo do Tribunal de Contas da União, cargo que exerci com muita honra e no qual convivi com pessoas de enorme valor técnico e humano. Tive oportunidade de participar e coordenar auditorias em hospitais, universidades, refinarias, obras rodoviárias, previdência pública, mudanças climáticas e em programas sociais e de pesquisa científica.

Em 2009, renunciei ao cargo no TCU para tomar posse como Conselheiro Substituto do Tribunal de Contas de Mato Grosso, também pela via do concurso público, mas, mesmo no exercício da magistratura de contas, permaneço um admirador e entusiasta dos colegas que, em todo o país, colocam o pé na estrada e a mão na massa, desenvolvendo trabalhos de suma importância para o interesse público e a sociedade brasileira.

Como professor, já pude realizar cursos, palestras e atividades nas Escolas Superiores de Contas em todas as regiões brasileiras. É uma grande alegria constatar a permanente evolução e a crescente qualificação do corpo técnico das Cortes de Contas, produzindo diagnósticos e propostas de grande relevância em todas as áreas da gestão pública. É necessário que a sociedade tenha consciência do papel estratégico desses profissionais. São eles que forjam a matéria-prima de todas as decisões dos Tribunais de Contas. Realizam auditorias e inspeções, levantamentos, acompanhamentos e monitoramentos; examinam recursos; analisam denúncias; convertem dados e informações em conhecimento; e redigem relatórios e instruções que subsidiam a atuação dos Relatores e Colegiados.

Como sempre destaco, o controle externo é uma atividade essencial à democracia. Os Tribunais de Contas, além de guardiões da responsabilidade fiscal e da probidade e eficiência administrativas, devem atuar como impulsionadores da transparência na gestão pública, da qualidade na execução de políticas públicas e da criação e aperfeiçoamento de mecanismos de participação da cidadania, inclusive mediante o uso das novas tecnologias de comunicação e informação.

Para isso, é fundamental garantir a independência funcional dos auditores de controle externo, valorizando e preservando a dignidade do cargo. Quanto melhor tem funcionado o controle externo, maiores têm sido as reações dos setores incomodados com os resultados das fiscalizações; seja por verem revelados esquemas de desvios de recursos, favorecimentos a grupos ou incompetência gerencial, seja por ainda não terem assimilado o espírito democrático da Constituição Cidadã. Tais reações voltam-se contra as Cortes de Contas em geral, mas, principalmente, contra os profissionais de controle externo. É necessário debater a regulamentação nacional da carreira, no bojo da criação de um Sistema Nacional de Controle Externo e do Conselho Nacional dos Tribunais de Contas, definindo requisitos e assegurando prerrogativas para o exercício republicano do cargo.

Registro, portanto, minha homenagem e saudação aos auditores de controle externo de nosso país.

Publicado originalmente em *A Gazeta*, em abril de 2016.

UM PASSO À FRENTE

As instituições que não evoluem tornam-se obsoletas e perecem. Isso é válido não apenas para a esfera privada, mas também no setor público. As escolas de gestão colecionam exemplos de empresas gigantes que desapareceram ou tornaram-se irrelevantes, bem como de organizações públicas que fracassaram e foram extintas. Os motivos são diversos e bem conhecidos: lentidão no acompanhamento da inovação tecnológica; inefetividade da governança; baixa produtividade; processos decisórios viciados; incapacidade de recrutar novos talentos e lideranças; perda do sentido de missão, valores e objetivos; ausência de planejamento estratégico; distanciamento do público-alvo; entre outros.

De certa forma, tudo isso pode ser resultante de uma acomodação com bons resultados obtidos no passado, complacência com lideranças autoritárias ou corruptas, soberba e autossatisfação, preguiça ante novos desafios, subestimação à importância do aprendizado constante, etc.

Acomodar-se sempre é mais confortável. Ousar mudar é expor-se a críticas e, para muitos, o medo é paralisante e a inércia contagiante.

O Tribunal de Contas de Mato Grosso resolveu enfrentar o desafio da renovação institucional e está promovendo a reestruturação de sua área técnica. O objetivo é simples e é claro: servir melhor ao nosso patrão, que é o povo de Mato Grosso. Buscar maior efetividade na atuação do controle externo e, assim, contribuir para o aprimoramento da Administração Pública do estado e dos municípios mato-grossenses.

A reestruturação tem dois eixos principais.

O primeiro é a especialização das unidades técnicas, as secretarias de controle externo, compostas exclusivamente por técnicos e auditores de carreira, recrutados mediante concurso público. No modelo anterior, havia seis unidades generalistas, ou seja, que tratavam um pouco de quase tudo, desde normas de responsabilidade fiscal a detalhes em procedimentos licitatórios, passando por lançamentos contábeis e *checklists* patrimoniais.

As novas unidades especializadas são: Administração Estadual, Administração Municipal, Atos de Pessoal (admissões, aposentadorias e pensões), Contratações Públicas, Saúde e Meio Ambiente, Educação e Segurança, Obras e Infraestrutura, Previdência e, finalmente, Receita e Governo. Cada unidade contará com supervisões temáticas, abrangendo 24 áreas de fiscalização, como regulação e tecnologia da informação.

O segundo eixo, decorrente do anterior, é a desvinculação das unidades técnicas dos gabinetes dos conselheiros titulares. No modelo anterior, as secretarias generalistas eram subordinadas à autoridade de um conselheiro titular, que designava o secretário e direcionava as suas atividades. As secretarias eram designadas como "Secex do conselheiro Fulano". Agora, as novas unidades estão integradas dentro de uma Secretaria-Geral de Controle Externo e atuam com mais independência técnica, instruindo processos para todos os membros relatores, a partir de um plano anual de fiscalização.

Espera-se que a especialização do corpo técnico traga maior motivação e melhor desempenho. Os auditores e técnicos terão oportunidades de capacitação nas suas respectivas áreas com o que há de mais avançado e evoluído no controle da Administração Pública, começando com o 1º Laboratório de Boas Práticas de Controle Externo, que será realizado em Cuiabá em setembro, com a apresentação de 67 experiências reconhecidas como as mais exitosas na atuação dos Tribunais de Contas brasileiros.

Após um intenso processo de reflexão e discussões, essas mudanças foram aprovadas por unanimidade pelos membros em exercício do TCE-MT e entraram em vigor nesse mês de agosto. Não houve criação de cargos nem aumento de despesa com pessoal; apenas o remanejamento e um melhor aproveitamento da estrutura e dos recursos disponíveis.

Não nos acomodamos. Não nos omitimos. Demos um passo à frente, necessário e importante. Estamos convictos de que resultados positivos em breve serão percebidos, tanto pelos jurisdicionados quanto pela sociedade em geral.

Publicado originalmente em *A Gazeta*, em agosto de 2018.

FORTALECER O CONTROLE INTERNO

Há uma conhecida metáfora que compara a gestão pública à jardinagem. Muitas vezes um gestor semeia e outro colhe os frutos. Em outros casos, quem não cuida bem das plantas, sofre a invasão de pragas e ervas daninhas, e vê árvores frondosas se debilitarem até morrer. Finalmente, é necessário retirar o mato periodicamente ou ele toma conta do quintal e depois da casa.

Em regra, no setor público, o trabalho preventivo é realizado pelas unidades de controle interno. Cabe a elas uma atuação firme para evitar irregularidades e atos de gestão ilegais, ilegítimos ou que causem dano ao erário. Enquanto os Tribunais de Contas concentram sua atividade nos controles concomitante e *a posteriori*, as Auditorias ou Controladorias Gerais têm a oportunidade de atuar de modo prévio. São atividades complementares, pois uma das finalidades constitucionais do controle interno é apoiar o controle externo na fiscalização orçamentária, contábil, financeira, patrimonial e operacional da Administração Pública.

Contudo, observa-se ainda um descompasso muito grande entre as duas modalidades de controle. Enquanto os Tribunais de Contas surgiram com a República, há cerca de 120 anos, somente no Governo João Goulart, com a edição da Lei nº 4.320/1964, é que o controle interno mereceu atenção dos legisladores. Embora prestigiado pela Constituição Cidadã de 1988 e mais ainda pela Lei de Responsabilidade Fiscal, o controle interno ainda sofre bastante incompreensão e até resistência por parte de muitos gestores, uns por inexperiência e despreparo, outros por má-fé.

Em Mato Grosso, são muitas as debilidades do controle interno, especialmente na esfera municipal. Em 2012, ao julgar as contas de gestão relativas ao exercício de 2011, o Tribunal de Contas do Estado identificou falhas nos sistemas de controle interno em 70 das 141 prefeituras mato-grossenses, sendo que em 58 delas foram apontadas irregularidades em virtude da ineficiência dos procedimentos de controle. Como se nota, trata-se de um volume muito expressivo, mas o que é mais grave é que, quando o controle interno não atua de modo adequado, multiplicam-se as falhas em setores como o de bens patrimoniais, folhas de pagamento, licitações e contratos, trazendo prejuízos para a qualidade dos serviços públicos e para a sociedade.

Na esfera estadual, a experiência tem sido mais positiva. Nos últimos anos, a Auditoria Geral do Estado foi fortalecida, sendo convertida em Controladoria, conforme o modelo federal da CGU, e congregando as funções de controle interno, ouvidoria e corregedoria. Novos auditores concursados foram nomeados e diversos trabalhos importantes têm sido realizados. O TCE-MT tem reconhecido esse esforço e destacado a importância de se avançar ainda mais, prevenindo a ocorrência de problemas identificados em outras áreas, como a da saúde.

É de extrema importância que os prefeitos que agora estão iniciando suas gestões sigam o exemplo do Estado e fortaleçam as unidades de controle interno, assegurando meios e condições para que ele seja exercido com autoridade e independência. Assim, estarão agindo como os bons jardineiros, que evitam as pragas da corrupção e do desperdício, arrancam o mato da burocracia e da ineficiência, e plantam para o futuro uma gestão pública com qualidade.

Publicado originalmente em *A Gazeta*, em fevereiro de 2013.

A IMPORTÂNCIA DO CONTROLE INTERNO

Para o controle externo da Administração Pública, prevenir é muito mais importante que punir. Essa afirmação não costuma ser bem recebida em alguns setores para os quais a efetividade do controle mede-se pela quantidade de gestores punidos com contas julgadas irregulares, ou pelo volume de multas e sanções aplicadas, ou ainda pelo total dos valores recuperados para o erário. Sem dúvida, tais decisões dos Tribunais de Contas costumam atrair maior atenção da opinião pública e são interpretadas como antídotos para a impunidade que tanto revolta os brasileiros. Por outro lado, quando as contas de determinado gestor são julgadas regulares, sempre há críticas por parte dos opositores políticos que gostariam de brandir uma decisão condenatória da Corte de Contas como argumento em palanques eleitorais.

No entanto, embora difíceis de mensurar, os ganhos da prevenção são incomparavelmente maiores para a Administração, e em última análise para os cidadãos, que aqueles oriundos de punições. Isso é facilmente demonstrável. Basta pensar no custo de refazer uma obra com projeto básico incompleto ou deficiente ou nos gastos para recolocar em funcionamento unidades que haviam sido equipadas com aparelhos de má qualidade. Ademais, é longo e incerto o caminho de retorno aos cofres públicos do dinheiro desviado em fraudes e superfaturamentos. Por isso, a importância da adoção de medidas cautelares suspendendo processos licitatórios irregulares ou paralisando a execução de contratos viciados. Mesmo sendo acusados de responsáveis pelo atraso de obras importantes, com as cautelares os Tribunais de Contas exercem o papel de defesa do erário e do interesse público.

Assim, a melhor política de gestão é prevenir riscos e falhas, capacitando gestores e agentes públicos, e fortalecendo o controle interno, aquele que atua diretamente junto à Administração Pública. O controle interno tem um papel estratégico pela sua capacidade de acompanhar com proximidade o dia a dia da Administração, assegurando o cumprimento de normas, prevenindo a ocorrência de falhas e detectando fragilidades e fatores de risco.

A Constituição de 1988 foi a primeira a reconhecer a importância do controle interno, determinando a sua implantação em todos os municípios brasileiros. Mais tarde, em 2001, a Lei de Responsabilidade Fiscal ampliou as responsabilidades do controle interno, exigindo sua participação na elaboração dos relatórios de gestão fiscal e no controle de metas e limites de endividamento e de gastos com pessoal, entre outros. Todavia, decorridas mais de duas décadas da Carta Cidadã e mais de uma da LRF, a efetividade do controle interno ainda não é uma realidade em muitos municípios mato-grossenses.

De fato, embora haja alguns exemplos notáveis de boa atuação dos responsáveis pelo controle interno, em outros casos o que se constata são estruturas frágeis, inoperantes ou desprestigiadas, incapazes de colaborar com a fiscalização contábil, orçamentária, financeira, operacional e patrimonial da Administração Pública.

Em 2007, o TCE-MT publicou o guia para implantação do sistema de controle interno nos municípios e, mediante resolução, fixou o prazo até dezembro de 2011, para a adoção progressiva de medidas legais e administrativas, tais como a edição de lei municipal disciplinando a criação da unidade de controle interno, a realização de concursos públicos para os cargos técnicos e a normatização de procedimentos dos principais sistemas administrativos, como planejamento, compras, transportes e recursos humanos, entre outros.

Apesar disso, alguns gestores não foram sensíveis ou não atribuíram ao controle interno a merecida prioridade. As consequências de tal descaso irão refletir-se no volume e na gravidade das irregularidades constatadas nos relatórios de auditoria. Muitos deles, ao sofrerem os efeitos das punições, lamentarão não terem investido o suficiente na prevenção.

Publicado originalmente em *A Gazeta*, em junho de 2012.

O CRAQUE DISCRETO

Nos esportes disputados por equipes, como futebol, basquete e vôlei, é comum que em cada time haja um ou dois atletas que se destacam, seja pelos lances espetaculares que protagonizam, seja pelo número de pontos que assinalam. São denominados craques ou estrelas de suas equipes, costumam ser idolatrados pelas torcidas e objeto de inúmeras reportagens na imprensa especializada.

O mesmo fenômeno também ocorre nas organizações, tanto públicas como privadas, e nos mais variados ramos de atividade humana. As faculdades têm os seus professores-gurus, as especialidades médicas têm os seus papas, os partidos políticos têm os seus líderes e cardeais, os ministérios têm os chamados ministros fortes, e assim por diante.

No futebol, existem vários estilos de craques: tímido ou falastrão, boa praça ou marrento, simples ou exibicionista, tatuado ou engomado, etc. Seja como for, são sempre os focos de atenção da imprensa, dos torcedores, dos dirigentes e dos adversários.

No entanto, quem analisa o esporte além da superficialidade das manchetes sabe muito bem que os craques, sozinhos, não ganham campeonatos. Podem ser decisivos em alguns jogos, mas numa competição mais longa necessitam do respaldo de uma equipe equilibrada em que todos cumpram bem a sua função.

Muitas vezes, times recheados de estrelas são derrotados por outros de elenco mais modesto e a explicação é simples: enquanto os últimos jogavam para o seu time vencer, os primeiros disputavam entre si qual deles brilharia mais que os outros.

Novamente, as mesmas situações podem ser observadas em outras áreas. Quantos conjuntos musicais e parcerias artísticas desfizeram-se pelas crises de vaidade de seus integrantes? Quantos governos e empreendimentos fracassaram em razão de disputas internas de poder?

Quantas vezes a ambição individual levou a pique um projeto coletivo? Tanto a obra de Shakespeare como as de Maquiavel e Sun Tzu trazem exemplos ilustrativos.

Nos melhores times de futebol da história, sempre existiu um personagem discreto, mas determinante para as vitórias. Além do artilheiro carismático, além do goleiro performático, além dos dribles de efeito e das assistências precisas, esse personagem é o chamado "carregador de piano". Trabalha muito e aparece pouco, mas de sua eficiência depende o equilíbrio e a harmonia do conjunto. Não por acaso, a decadência do futebol-arte no Brasil coincide com a substituição, inspirada por maus treinadores, de carregadores de piano de extrema qualidade, como Carlinhos "Violino" ou Andrade "Tromba", por brucutus especializados em agredir deslealmente os adversários.

Todo líder, ao formar sua equipe, deveria se preocupar em buscar carregadores de piano que sejam verdadeiros craques, mas discretos. No setor público, um dos principais e estratégicos carregadores de piano é o controle interno. A Controladoria ou Auditoria Geral é peça essencial para o sucesso de uma administração. Não traz novos recursos, como a Fazenda, mas evita o seu desperdício. Não realiza obras, nem atende diretamente os cidadãos com serviços essenciais, mas assegura que as políticas públicas sejam executadas com qualidade. Atua preventivamente para frustrar irregularidades. Orienta e colabora com todos os órgãos e secretarias. Protege o erário e potencializa maior efetividade no alcance das metas governamentais. Raramente faz gols, mas, se não atuar bem, o time não vence.

Os gestores sábios e prudentes são aqueles que prestigiam e ouvem o controle interno. Os gestores bem-sucedidos são aqueles, infelizmente ainda em minoria, que sabem valorizar os seus craques discretos.

Publicado originalmente em *A Gazeta*, em março de 2017.

AUDITAR PARA O PRESENTE E O FUTURO

Frequentemente ouço críticas às iniciativas governamentais que determinam a realização de auditorias sobre fatos ocorridos nas gestões que os antecederam. Tanto faz se é no contexto de empresas estatais com operações internacionais ou de governos estaduais e municipais, ou mesmo no âmbito do Poder Legislativo, as reclamações são semelhantes. Acusa-se quem audita de se preocupar com o passado, negligenciar o presente e comprometer o futuro. Questiona-se a utilidade das auditorias, alcunhadas pejorativamente de "autópsias". Afirma-se que o bom gestor não deve dirigir olhando para o retrovisor.

Sustento que não é bem assim. Na realidade, as auditorias, quando bem executadas, são muito úteis, tanto para entender o presente como para preparar o futuro. E também, eventualmente, para punir infratores, pois a impunidade é um péssimo exemplo.

Mas primeiro temos que explicar o que é auditoria e porque é necessária, e também o que não é auditoria, mas simples propaganda.

Em alguns casos, a palavra auditoria não passa de um vocábulo oco no discurso partidário, que busca atribuir aos adversários responsabilidades e culpas pelas mazelas administrativas. Trata-se apenas de iniciativas voluntaristas, que objetivam acumular desgaste para prováveis futuros competidores eleitorais. Acumulam-se acusações a torto e a direito, mas não se efetivam medidas corretivas para aprimorar a gestão pública.

Em outras situações, a expressão é utilizada com o objetivo oposto ao anunciado: cuida-se de anunciar rigorosas providências, mas o intuito é não apurar nada com seriedade, para proteger aliados e dissolver responsabilidades. Nessa hipótese, a "auditoria" é de fato uma "lavanderia", para limpar reputações e chancelar procedimentos.

Certa vez presenciei no Rio de Janeiro uma "auditoria" que suspendeu por mais de três anos a execução da obra de uma unidade de tratamento de resíduos sólidos, não concluiu nada e, quando se quis retomar a obra, a mesma estava completamente destruída. Aquela malsinada "auditoria" aumentou o prejuízo às finanças públicas, em vez de recuperá-lo!

Nenhuma dessas é a auditoria técnica a que me refiro, conduzida por profissionais qualificados nas áreas de controle interno e externo.

Auditoria é uma atividade essencial para a boa gestão, não apenas na área pública, como também na esfera privada. Auditoria deve ser uma atividade permanente e sistemática e não apenas quando surgem denúncias ou se substituem gestores. Auditoria não pode ser improvisada, mas seguir um planejamento estratégico e obedecer a rigorosos padrões técnicos. Auditoria não pode ser apressada, mas necessita ter prazos preestabelecidos para as etapas de planejamento, trabalhos de campo, exame de documentos, elaboração de relatórios conclusivos e monitoramento do cumprimento das determinações e recomendações emitidas.

Os auditores não são inimigos dos auditados, tampouco lhes são subordinados. Os auditores não se confundem com inquisidores ou policiais, mas devem ter a sua independência respeitada e o seu trabalho não pode sofrer obstruções ou boicote. Os auditores devem ter a sua carreira prestigiada, não apenas na sua remuneração, mas também com permanente investimento em capacitação e atualização.

Há registro de situações em que alguns gestores desenvolvem uma relação neurótica com a auditoria: têm verdadeira fobia do controle externo exercido pelos Tribunais de Contas e descarregam seus traumas perseguindo ou esvaziando o controle interno.

Tanto na Medicina Legal como no Direito Penal, muitas vezes as "autópsias" são indispensáveis para compreender as circunstâncias de um crime e prevenir a ocorrência de vários outros. O mesmo ocorre com as auditorias técnicas.

O gestor bem-intencionado não pode temer auditorias, mas ter a visão de que elas são importante instrumento de diagnóstico de problemas administrativos complexos e de auxílio à tomada de decisões para o aprimoramento das políticas públicas. Auditar é necessário, para o presente e para o futuro.

Publicado originalmente em *A Gazeta*, em junho de 2015.

AUDITORIA FINANCEIRA E O CONTROLE DA GESTÃO FISCAL

Foi com muita honra que recebi o convite para ser o palestrante na celebração do 46º aniversário do Instituto Ruy Barbosa, ocorrida esta semana no Tribunal de Contas do Paraná. O tema que me foi proposto foi a importância das Normas Brasileiras de Auditoria do Setor Público dispondo sobre auditorias financeiras, a NBASP-200.

Para o leitor leigo, é interessante justificar a importância das normas de auditoria e a sua utilização pelos órgãos de controle externo.

As normas de auditoria estabelecem regras de conduta profissional e procedimentos técnicos a serem observados quando da realização dos trabalhos de auditoria. É relevante normatizar os trabalhos de auditoria para: garantir a qualidade dos trabalhos; promover consistência metodológica no exercício da atividade; registrar o conhecimento desenvolvido ao longo do tempo; fortalecer a profissionalização da atividade; e elevar a credibilidade dos trabalhos.

As Normas Brasileiras de Auditoria do Setor Público – NBASP, Nível 2, aprovadas em 2017, resultam de um longo esforço de convergência entre os Tribunais de Contas brasileiros e os padrões de referência internacionais estabelecidos pela Intosai (Organização Internacional de Entidades Superiores de Controle), que congrega instituições de controle de mais de 190 países. O documento que fundamenta tais normas é a célebre Declaração de Lima, de 1977, segundo a qual o controle da atividade governamental não é um fim em si mesmo, e sim um elemento indispensável de um sistema regulatório cujo objetivo é revelar desvios das normas e violações dos princípios da legalidade, eficiência, eficácia e economia na gestão financeira com a tempestividade necessária para que medidas corretivas possam ter tomadas; fazer com que os responsáveis por esses desvios assumam a responsabilidade por eles; obter o devido ressarcimento; e/ou tomar medidas para impedir ou pelo menos dificultar a ocorrência dessas violações.

As NBASPs Nível 2 apresentam os Princípios Fundamentais de Auditoria no Setor Público, definindo-as em três tipos: as auditorias financeiras (NBASP-200), as auditorias operacionais (NBASP-300) e as auditorias de conformidade (NBASP-400). A NBASP-100 contém princípios genéricos aplicáveis a todas as auditorias.

A NBASP-100 proporciona informações sobre: propósito e aplicabilidade das NBASPs; características próprias da auditoria do setor público e seus objetivos; elementos da auditoria (auditor, parte responsável, usuários previstos, objeto, critérios e informações sobre o objeto); tipos de auditorias no setor público (financeira, operacional e conformidade); tipos de relatório de auditoria (trabalhos de certificação e trabalhos de relatório direto); e necessidade de obter confiança e dar asseguração aos usuários das conclusões.

Por seu turno, a auditoria financeira tem como foco determinar se a informação financeira de uma entidade é apresentada segundo o marco regulatório e a estrutura de relatório financeiro aplicável. A NBASP-200 foi desenvolvida para abordar os princípios-chave relacionados a uma auditoria de demonstrações financeiras no setor público, a exemplo dos Relatórios de Gestão Fiscal. Ela se baseia nos princípios fundamentais da NBASP-100 e adicionalmente os desenvolve visando a adequá-los para o contexto específico de auditorias financeiras.

Uma das mais relevantes atribuições dos Tribunais de Contas é informar corretamente a sociedade acerca do estado das finanças públicas, sob os aspectos contábil, orçamentário, financeiro, patrimonial e operacional. Entre as informações mais significativas que os TCs devem certificar estão as relacionadas à gestão fiscal do estado e dos municípios. A própria Lei de Responsabilidade Fiscal (LRF), no seu art. 59, determina que compete aos TCs verificar os cálculos dos limites da despesa total com pessoal de todos os Poderes e órgãos.

A utilização sistemática das normas de auditoria financeira tem o potencial de proporcionar um significativo incremento de qualidade no controle da gestão fiscal.

Publicado originalmente em *A Gazeta*, em outubro de 2019.

GOVERNANÇA E GOVERNABILIDADE

A confusão entre governabilidade e governança explica boa parte das trapalhadas e insucessos de alguns governantes. São vocábulos semelhantes, mas que se referem a conceitos bastante distintos. A governabilidade é importante e necessária, mas não é suficiente. Para o êxito de uma administração, é indispensável alcançar um bom nível de governança, sem a qual os programas governamentais não se traduzem em políticas públicas efetivas.

Mas, afinal, qual a diferença entre governabilidade e governança?

Em sua obra acerca da capacidade para governar dos líderes, Matus[5] define governabilidade como o conjunto de condições necessárias ao exercício do poder. Compreende a forma de governo, as relações entre os poderes, o sistema partidário e o equilíbrio entre as forças políticas de oposição e situação. Diz respeito à capacidade política de decidir. A governabilidade expressa a possibilidade em abstrato de realizar políticas públicas. É um atributo da sociedade.

Governança, por seu turno, é a competência do governo de praticar as decisões tomadas ou, em outras palavras, a capacidade de governo do Estado. Envolve a disposição institucional pela qual a autoridade é exercida, de modo a propiciar as condições financeiras e administrativas indispensáveis à execução dos arranjos que o governo adota. É um atributo do Estado.

Assim, a governança pressupõe tanto a capacidade de gerar as políticas adequadas como a capacidade de colocá-las em prática. Para o TCU, governança no setor público compreende os mecanismos de estratégia, liderança e controle para avaliar, direcionar e monitorar a

---

[5] MATUS, Carlos. *O líder sem Estado-Maior*. São Paulo: Fundap, 2000.

gestão, com vistas à condução de políticas públicas e à prestação de serviços de interesse da sociedade.

No Brasil, o que temos visto é que, em nome da governabilidade, sacrifica-se a governança.

Um exemplo foi o escândalo do mensalão, denunciado em 2005. A fim de assegurar dócil maioria parlamentar, o governo federal da época não apenas distribuiu cargos estratégicos na gestão pública para apaniguados dos integrantes de sua base de apoio, sem maiores cuidados quanto à formação, competência e aptidão dos nomeados para o exercício da função, mas também permitiu que tais cargos fossem utilizados para arrecadação de caixa-dois, à custa de contratos superfaturados, licitações direcionadas, etc. O fato de ter demorado muito o julgamento do mensalão e de esse ter se concentrado em figuras secundárias no processo decisório estimulou a gênese do petrolão.

Novamente a pretexto da governabilidade, fatiou-se a Petrobras entre grupos políticos componentes da base parlamentar do governo. Os valores desviados passaram de milhões para bilhões de reais. A empresa teve a sua governança destruída. O processo decisório não obedecia a um planejamento estratégico construído a partir de diretrizes, objetivos e metas programáticas do governo, mas ao interesse de multiplicar negociatas e maximizar propinas. Isso explica decisões ruinosas como a aquisição da refinaria de Pasadena que, sozinha, segundo o TCU, gerou um prejuízo à nação de cerca de 800 milhões de dólares.

Infelizmente, Pasadena não foi um fato isolado, mas a ponta de um *iceberg*. O que ocorreu na Petrobras repetiu-se na Eletrobras e nos principais fundos de pensão, cujos diretores indicados pela opção da governabilidade adotaram medidas que produziram muitos bilhões de rombo no futuro dos aposentados e pensionistas, como a troca de ativos e aplicações seguras por títulos da dívida pública da Venezuela.

O que a democracia exige é que agora as investigações e condenações não se limitem a diretores e gerentes, mas alcancem também os maiores responsáveis, ou seja, os integrantes dos Conselhos de Administração que nomearam os corruptos para tomarem conta dos cofres das estatais e dos fundos de pensão, bem como as altas autoridades da República que determinaram que tais nomeações fossem feitas.

E que governantes e cidadãos compreendam a importância de enfrentar o enorme déficit de governança do país.

Publicado originalmente em *A Gazeta*, em setembro de 2016.

AUDITORIAS AMBIENTAIS

No III Congresso Internacional de Direito e Sustentabilidade realizado em maio de 2013 em Foz do Iguaçu, os Tribunais de Contas brasileiros reafirmaram seu compromisso com a proteção do meio ambiente ecologicamente equilibrado, que a Constituição brasileira proclama como um bem de uso comum do povo, essencial à sadia qualidade de vida e como direito das presentes e futuras gerações. Como órgãos constitucionalmente incumbidos de realizar o controle externo contábil, financeiro, orçamentário, patrimonial e operacional da Administração Pública, os Tribunais de Contas têm aprimorado seus instrumentos para exercer a fiscalização na área ambiental, com destaque para as auditorias ambientais.

É importante destacar que as auditorias ambientais realizadas pelos TCs não se confundem com aquelas sob a responsabilidade dos órgãos ambientais públicos, a exemplo do Ibama, ou da iniciativa privada no âmbito da certificação da série ISO 14.000. Cada qual possui suas características específicas, e no âmbito do controle externo a auditoria ambiental é o conjunto de procedimentos aplicados ao exame e avaliação dos aspectos ambientais envolvidos em políticas, programas, projetos e atividades desenvolvidas pelos órgãos e entidades fiscalizados.

Diversos podem ser os enfoques da auditoria ambiental nos TCs.

A auditoria de orçamento ambiental analisa a aplicação dos recursos alocados para programas ambientais, oriundos de dotações orçamentárias, de empréstimos ou doações internacionais, ou da receita própria dos órgãos ambientais. A auditoria da fiscalização ambiental pública examina a eficiência da atuação do Poder Público como fiscal do meio ambiente. A auditoria de impactos ambientais avalia os impactos causados ao meio ambiente pelas atividades do próprio Estado, diretamente ou mediante concessões, permissões e autorizações, por exemplo, em obras de infraestrutura de transportes ou energia.

A auditoria dos impactos ambientais das políticas de incentivos fiscais, subsídios e financiamentos por organismos oficiais de crédito tem como foco a análise dos impactos causados ao meio ambiente em razão das políticas de incentivos fiscais, subsídios e financiamentos por organismos oficiais de crédito. Assim, incentivos ao setor industrial ou agropecuário devem ser concedidos apenas depois de adequada análise de seus impactos sobre o meio ambiente e mediante garantias de medidas de compensação e mitigação de tais impactos.

Por sua vez, a auditoria dos resultados das políticas ambientais verifica a eficiência e a eficácia das políticas públicas afetas ao meio ambiente, como a gestão de unidades de conservação, a prevenção de acidentes, a proteção da biodiversidade, o controle da qualidade do ar e da água, entre outros. A auditoria do licenciamento ambiental trata da conformidade dos licenciamentos concedidos para atividades potencialmente geradoras de significativos impactos ambientais, bem como da qualidade dos estudos e relatórios de impactos ambientais.

Finalmente, a auditoria de cumprimento dos tratados ambientais internacionais investiga sobre a adequada execução de tratados firmados pelo Brasil no campo ambiental, como na área de mudanças climáticas ou proteção da camada de ozônio.

Como se vê, é muito vasto o campo de atuação ambiental dos Tribunais de Contas.

Pela sua extensão territorial, grande cobertura florestal, fartura de recursos hídricos e de biodiversidade, bem como pela presença dos biomas Amazônia, Pantanal e Cerrado, Mato Grosso é detentor de enorme patrimônio ambiental e um dos principais produtores de serviços ambientais do planeta. Cabe a nós valorizar e proteger essa riqueza.

Publicado originalmente em *A Gazeta*, em junho de 2013.

CAMINHOS DA SUSTENTABILIDADE

Sustentabilidade não é mais apenas um refrão de ambientalistas monotemáticos. No Brasil, a sustentabilidade é princípio constitucional da atividade econômica, previsto no art. 170 da Carta Republicana. Lá é definida como princípio da ordem econômica nacional, ao lado da soberania nacional, propriedade privada, função social da propriedade, livre concorrência, e defesa do consumidor, a defesa do meio ambiente, inclusive mediante tratamento diferenciado conforme o impacto ambiental dos produtos e serviços e de seus processos de elaboração e prestação.

A sustentabilidade também está prevista no art. 3º da Lei de Licitações, assim como nas leis das políticas nacionais de mudanças climáticas e de resíduos sólidos, e ainda em diversos decretos e instruções normativas.

Sustentabilidade envolve, além da dimensão ambiental, aspectos sociais, econômicos e institucionais.

Em agosto de 2014, participei em Brasília do 2º Seminário Internacional sobre Contratações Públicas Sustentáveis, organizado pelo Ministério do Planejamento, com representantes de diversos países que relataram experiências de aquisições governamentais de produtos ambientalmente certificados e geradores de menor impacto ambiental ao longo de seu ciclo de vida, desde a extração das matérias-primas até o descarte final dos resíduos.

Entre as diretrizes de sustentabilidade para as compras públicas destacam-se:

I - menor impacto sobre recursos naturais como flora, fauna, ar, solo e água;

II - preferência para materiais, tecnologias e matérias-primas de origem local;

III - maior eficiência na utilização de recursos naturais como água e energia;

IV - maior geração de empregos, preferencialmente com mão de obra local;

V - maior vida útil e menor custo de manutenção do bem e da obra;

VI - uso de inovações que reduzam a pressão sobre recursos naturais; e

VII - origem ambientalmente regular dos recursos naturais utilizados nos bens, serviços e obras.

No que concerne às obras públicas e aos serviços de engenharia, os projetos básico e executivo devem ser elaborados de modo a proporcionar a economia da manutenção e operacionalização da edificação e a redução do consumo de energia e água, por meio de tecnologias, práticas e materiais que reduzam o impacto ambiental, por exemplo, uso de energia solar, ou outra energia limpa para aquecimento de água, sistema de reuso de água e de tratamento de efluentes gerados, bem como aproveitamento da água da chuva e comprovação da origem da madeira a ser utilizada na execução da obra ou serviço.

As contratações públicas têm um extraordinário impacto na economia e, se somadas as esferas federal, estadual e municipal, representam mais de 10% do Produto Interno Bruto. Ao optarem por realizar compras públicas sustentáveis, os governos, além de darem um ótimo exemplo, desempenham papel de indutores da evolução do mercado, influenciando positivamente as decisões estratégicas de produtores de bens e fornecedores de serviços.

Ao contrário do que pensam alguns, as compras sustentáveis não são necessariamente mais caras para a Administração Pública, desde que as contas sejam feitas corretamente. Eventualmente um produto pode ser mais caro, porém, se considerarmos que consome menos energia, possui maior vida útil e tem menor custo de manutenção, veremos que constitui não só a opção correta do ponto de vista ambiental, mas também sob o aspecto econômico.

Há diversas experiências exitosas de redução de consumo de água, energia e matérias-primas pelos órgãos públicos brasileiros, como foi o caso da implantação dos processos eletrônicos e do Diário Oficial de Contas em meio digital, economizando milhares de toneladas de papel e de tinta, além de custos de transporte e armazenamento.

Todavia, ainda é necessária uma profunda mudança comportamental e cultural em grande parte dos gestores, para que compreendam que a inserção de aspectos ambientais nas contratações públicas não é supérflua, mas essencial. Ainda temos muitos caminhos a construir e trilhar no rumo da sustentabilidade.

Publicado originalmente em *A Gazeta*, em agosto de 2014.

LICITAÇÕES SUSTENTÁVEIS

Todos sabem que os grandes clientes detêm maior poder de negociação que os menores. Quem encomenda maiores quantidades tem mais possibilidade de negociar junto aos fornecedores, não apenas em relação aos preços, mas também condições de pagamento, garantias, prazos de entrega, especificações de qualidade, entre outros. Pela dimensão dos seus orçamentos, o Poder Público – federal, estadual e municipal – é sempre um dos principais compradores de produtos e serviços nos territórios sob sua jurisdição. É necessário que esse poder de compra seja utilizado com sabedoria para o melhor atendimento do interesse público.

Assim, as compras e contratos governamentais, que seguem a disciplina das licitações públicas, devem buscar as propostas mais vantajosas para a Administração. Ao contrário do que muitos imaginam, a proposta mais vantajosa nem sempre é a mais barata, mas a que atende simultaneamente um conjunto de princípios definidos na Constituição brasileira. Em nome de tais princípios, por exemplo, são concedidas vantagens concorrenciais para as microempresas e empresas de pequeno porte. Outro aspecto, menos conhecido, diz respeito às chamadas licitações sustentáveis.

Entre os princípios da atividade econômica descritos no art. 170 da Constituição, em pé de igualdade com a soberania nacional, a propriedade privada, a livre concorrência e a busca do pleno emprego, destaca-se a defesa do meio ambiente, inclusive mediante tratamento diferenciado conforme o impacto ambiental dos produtos e serviços e de seus processos de elaboração e prestação. Da mesma forma, a Lei nº 8.666/1993, que disciplina as compras e contratações públicas no Brasil, preceitua que a licitação destina-se a garantir a observância do princípio constitucional da isonomia, a seleção da proposta mais vantajosa para a

Administração e a promoção do desenvolvimento nacional sustentável. Por seu turno, a Política Nacional de Mudanças Climáticas prevê o estabelecimento de critérios de preferência nas licitações e concorrências públicas para as propostas que propiciem maior economia de energia, água e outros recursos naturais e redução da emissão de gases de efeito estufa e de resíduos. Também a Política Nacional de Resíduos Sólidos fixa prioridade, nas aquisições e contratações governamentais, para produtos reciclados e recicláveis, bem como bens, serviços e obras que considerem critérios compatíveis com padrões de consumo social e ambientalmente sustentáveis.

Tais normas concedem respaldo jurídico para que os governos utilizem seu poder de compra como instrumento indutor da adoção de práticas sustentáveis nos processos produtivos. Como exemplos, podemos citar a preferência por bens com certificação ambiental e que consumam menos água e energia; produtos reutilizáveis e com maior durabilidade; obtenção de veículos mais eficientes e menos poluentes. Ao prever critérios de sustentabilidade nos editais de licitações, o Poder Público estimula os agentes econômicos do setor privado a aprimorar a gestão ambiental de seus produtos, matérias-primas e resíduos e ao desenvolvimento de tecnologias com menor impacto ambiental.

Desde 2010, o Tribunal de Contas da União introduziu na prestação de contas anual de todos os fiscalizados um anexo dedicado à Gestão Ambiental e Licitações Sustentáveis. Entre outros aspectos, a Corte de Contas quer informações se os órgãos estão considerando em suas compras critérios relacionados aos processos de extração ou fabricação, utilização e descarte dos produtos e matérias-primas. Todavia, auditoria realizada na Administração Federal constatou que as medidas de sustentabilidade e eficiência ainda não se encontram amplamente disseminadas na Administração Pública e não constituem uma política de Estado abrangente, coordenada e contínua. Em Mato Grosso, o panorama é semelhante.

Assim, há muito que se fazer para multiplicar as licitações sustentáveis.

Publicado originalmente em *A Gazeta*, em junho de 2013.

ACESSIBILIDADE E OBRAS PÚBLICAS

O tema da acessibilidade é uma das questões centrais para a qualidade de vida e o pleno exercício da cidadania pelas pessoas portadoras de deficiências (PPDs). Com efeito, as dificuldades de locomoção nas vias públicas e de acesso aos transportes públicos, a par de inúmeros constrangimentos, frequentemente inviabilizam o exercício pelas PPDs dos direitos à educação, à saúde e ao trabalho.

De acordo com a Lei nº 10.098/2000, acessibilidade é a possibilidade e condição de alcance para utilização, com segurança e autonomia, dos espaços, mobiliários e equipamentos urbanos, das edificações, dos transportes e dos sistemas e meios de comunicação, por pessoa portadora de deficiência ou com mobilidade reduzida.

Do ponto de vista das técnicas de engenharia e arquitetura, as condições para assegurar a acessibilidade encontram-se descritas em diversas normas técnicas que detalham procedimentos para assegurá-la nos diversos meios de transporte, calçadas, edificações e caixas de autoatendimento bancário. Tais normas encontram-se disponíveis na internet para acesso amplo e irrestrito por qualquer cidadão interessado, bem como por órgãos públicos que manifestarem igual interesse.

Por sua vez, é considerada pessoa portadora de deficiência a que possui limitação ou incapacidade para o desempenho de atividade e se enquadra nas seguintes categorias: deficiência física, auditiva, visual, mental e múltipla. Conforme os dados do Censo Populacional de 2000, existem 24,5 milhões de portadores de deficiência no país, representando 14,5% da população brasileira.

Esse imenso contingente de brasileiros tem o direito à acessibilidade assegurado por dois dispositivos da Constituição, que asseguram que os novos empreendimentos, como logradouros e edifícios de uso público, assim como a fabricação de novos veículos de transporte coletivo, devem garantir-lhes acesso adequado; e que os anteriormente existentes devem progressivamente sofrer adaptações. Diversas normas infraconstitucionais detalharam essas regras visando a assegurar sua eficácia, a exemplo da Lei nº 10.098/2000 e do Decreto nº 5.296/2004. Desde então, observou-se significativo progresso no respeito ao direito de acessibilidade. No entanto, muitos órgãos públicos, por negligência ou incapacidade técnica, não têm assegurado o integral cumprimento das normas legais, especialmente no projeto e no traçado dos elementos de urbanização públicos e privados de uso comunitário, nesses compreendidos os itinerários e as passagens de pedestres, os percursos de entrada e de saída de veículos, e as escadas e rampas.

Nesse sentido, é importante destacar o papel que devem exercer os Tribunais de Contas ao cumprir a fiscalização de obras públicas, tanto as de execução direta pela Administração, como as resultantes de convênios, contratos de concessão ou de Parcerias Público-Privadas (PPP). Cabe às Cortes de Contas atentar para que seus jurisdicionados observem as normas de acessibilidade.

Mais que um controle estrito da legalidade, ou seja, do aspecto formal de cumprimento pelo órgão público de uma norma impositiva, trata-se também de um controle associado ao conceito de economicidade. Com efeito, realizar uma obra que não observe as regras de acessibilidade eventualmente será mais barata no curto prazo, mas no médio e no longo prazo implicará maiores custos para o erário tendo em vista a necessidade de adaptações e reformas. Refazer uma obra mal executada ou deficientemente planejada implica custos significativamente superiores àqueles de um empreendimento construído de forma adequada e é considerado um ato antieconômico de gestão, passível de levar à sanção dos responsáveis.

Não apenas o Tribunal de Contas de Mato Grosso, mas também o TCU e outras instituições de controle externo devem assegurar o direito à acessibilidade de todos os cidadãos, mas especialmente das pessoas portadoras de deficiências.

Publicado originalmente em *A Gazeta*, em março de 2012

APOIO ÀS MICROEMPRESAS

Embora possa ser surpreendente para alguns, os Tribunais de Contas têm um importante papel no estímulo ao desenvolvimento econômico e à geração de empregos. Em outubro de 2012 ocorreu em Brasília o Encontro Tribunais de Contas e Desenvolvimento Econômico, organizado pelo Serviço Brasileiro de Apoio às Micro e Pequenas Empresas (Sebrae) e pela Associação Nacional dos Membros dos Tribunais de Contas (Atricon).

A Lei Complementar nº 123/2005, conhecida como Lei Geral da Micro e Pequena Empresa, previu importantes medidas de estímulo à economia dos municípios de menor porte, especialmente com o tratamento diferenciado e favorecido às micro e pequenas empresas.

As micro e pequenas empresas constituem 99% das empresas constituídas no Brasil, empregam mais de 51% da força de trabalho urbana no setor privado e são responsáveis por mais de 25% do Produto Interno Bruto. No entanto, historicamente, enfrentam maiores dificuldades no acesso ao crédito e aos mercados. Por sua vez, na grande maioria dos municípios brasileiros, as Prefeituras são os principais agentes econômicos: os maiores empregadores e os maiores compradores.

A Lei Geral da Micro e Pequena Empresa estabeleceu regras específicas para as compras governamentais, no intuito de estimular a presença dos pequenos fornecedores locais. Entre as inovações destacam-se a simplificação de exigência de documentos, a preferência em caso de empate na classificação, a possibilidade de certames exclusivos nas aquisições até R$80 mil, a possibilidade de cotas exclusivas e a de subcontratação.

Em grande parte, devido à atuação proativa do TCE-MT, Mato Grosso foi o primeiro estado brasileiro no qual 100% dos municípios regulamentaram a Lei Geral da Micro e Pequena Empresa. Para isso, desde 2010 o TCE-MT participou de dezenas de eventos em todas as regiões do estado, orientando os gestores sobre a importância da lei e as formas de assegurar o seu cumprimento e o alcance de seus objetivos. Em todos esses eventos, o TCE-MT foi representado por seus membros, conselheiros, conselheiros substitutos e procuradores de contas, o que afirmou a prioridade que o tema alcançou.

Certamente há muito que fazer para atingirmos o potencial desejado. Com um maior acesso das micro e pequenas empresas ao mercado das compras governamentais, espera-se não apenas a diversificação dos fornecedores, mas também a redução de custos para o Poder Público, o estímulo à inovação e à melhoria de qualidade dos produtos e serviços locais, a geração de empregos mais qualificados e numerosos efeitos virtuosos para o desenvolvimento econômico regional.

A parceria entre o Sebrae e os Tribunais de Contas poderá gerar efeitos positivos em duas direções: ampliando a eficiência e a economicidade na gestão pública e assegurando maior participação das micro e pequenas empresas no mercado de compras governamentais.

O momento também é oportuno, pois em todo o Brasil prefeitos e vereadores eleitos estão se preparando para assumir os mandatos que conquistaram e devem colocar o tema em seu planejamento estratégico.

Nesse caso, os Tribunais de Contas, ao orientar, esclarecer e estimular os seus gestores jurisdicionados, dão uma importante contribuição para o desenvolvimento econômico e a geração de empregos.

Publicado originalmente em *A Gazeta*, em outubro de 2012.

RELAÇÕES HOMOAFETIVAS E CONTAS PÚBLICAS

O título deste artigo pode parecer exótico. Afinal, o que pode haver em comum entre relações homoafetivas e contas públicas? Pois bem, bastante coisa, conforme tentaremos demonstrar. A nossa Constituição Cidadã proíbe qualquer tipo de discriminação. Em decorrência, qualquer tipo de gasto público associado a uma ação discriminatória afronta a Constituição. Por exemplo, o patrocínio de um órgão público para uma manifestação ou uma publicação que veicule conteúdo racista ou de discriminação contra a mulher constitui uma despesa ilegal e deve ser reprovada pelo Tribunal de Contas. Reparem que não estou tratando da esfera penal, pois a discriminação também é crime, mas apenas da jurisdição de controle das contas públicas.

Recentemente, o Supremo Tribunal Federal (STF) reconheceu a união homoafetiva como entidade familiar. O entendimento foi amparado em princípios jurídicos como os da dignidade da pessoa humana, da liberdade, da autodeterminação, da igualdade, do pluralismo, da intimidade, da não discriminação e da busca da felicidade. Assim, uma vez que toda pessoa tem direito a conduzir a sua vida sexual, fica estabelecida a plena legitimidade ético-jurídica da união homoafetiva como entidade familiar.

A decisão unânime do STF, como intérprete da Constituição brasileira, implica importantes consequências em várias esferas do Direito, especialmente na área previdenciária.

Assim, o servidor público que mantém uma união homoafetiva passa a fazer jus aos mesmos direitos do servidor em estado de união heteroafetiva por exemplo, o de legar uma pensão, usufruir de licença ou solicitar remoção para acompanhar o companheiro ou companheira.

Alguém poderia objetar afirmando que tais concessões impactam negativamente as contas públicas, especialmente da Previdência Social, pois serão concedidos novos benefícios não anteriormente previstos, agravando déficits e o equilíbrio econômico-financeiro dos planos previdenciários. Trata-se de argumento completamente equivocado, tanto sob o aspecto jurídico como econômico. Na realidade, todos sempre contribuíram da mesma forma para a previdência, mas somente os participantes em união estável entre pessoas de gênero distinto é que tinham reconhecido o direito aos benefícios. Nesse sentido, a decisão do STF estabeleceu um tratamento igualitário, assegurando os mesmos direitos àqueles que sempre haviam contribuído.

Até o momento, o TCE-MT ainda não registrou nenhuma concessão de benefício a casais homoafetivos, mas isso não deve tardar e independe de alterações nos estatutos de servidores do estado e dos municípios mato-grossenses. Assim, verifica-se como a nossa Corte de Contas evolui juntamente com a sociedade na afirmação dos princípios de cidadania e dignidade humana.

Ademais, como referido no início, quaisquer ações custeadas por recursos públicos que tenham características preconceituosas em relação à opção sexual devem ser reprovadas como ilegais e ilegítimas e seus responsáveis condenados ao ressarcimento ao erário.

Publicado originalmente em *A Gazeta*, em abril de 2012.

TECNOLOGIA A SERVIÇO DA DEMOCRACIA

Vivemos a sociedade informática. As novas tecnologias de informação e comunicação impactam profundamente as relações familiares e sociais, as atividades profissionais, o comércio e os negócios, a formação escolar e acadêmica, a militância política e social, e também a gestão pública.

Os exemplos são inúmeros e impressionantes. Redes sociais como o Facebook ultrapassam um bilhão de usuários. Mecanismos de busca como o Google recebem 70 bilhões de consultas diárias.

Essas novas tecnologias incluem, além da internet, *pendrives*, *smartphones*, fotos e vídeos digitais, redes *wireless* e correio eletrônico. Tão importante quanto os *hardwares*, são os portais e aplicativos que potencializam a organização e difusão dos dados, sendo os mais conhecidos, além de Google e Facebook, YouTube (armazenamento e divulgação de vídeos), Instagram (rede social de compartilhamento de fotos), WhatsApp (rede social de compartilhamento de mensagens), além de portais de notícias e de serviços bancários e financeiros.

Em fevereiro de 2012, um cidadão de Canabrava do Norte, pequeno município mato-grossense com cerca de cinco mil habitantes e a 1.132 km de distância da capital, Cuiabá, acessou na internet a página da Ouvidoria do Tribunal de Contas e preencheu formulário denunciando irregularidades na realização de um pregão que seria realizado em poucos dias pela prefeitura local. Imediatamente comunicado e examinados os fatos, o Relator da unidade adotou uma medida cautelar suspendendo o certame licitatório. Posteriormente, a cautelar foi homologada pelo Tribunal Pleno e o julgamento de mérito confirmou a decisão (Acórdão nº 273/2013).

Até hoje não se sabe quem foi o autor da denúncia: nome, sexo, idade e profissão não foram informados. O importante é que o TCE-MT constatou que a denúncia era procedente e adotou medidas a tempo de evitar que a irregularidade fosse consumada. É sempre mais importante prevenir o erro que tentar depois reparar o prejuízo. O singelo exemplo ilustra uma das múltiplas possibilidades de utilização das novas tecnologias de comunicação e informação a serviço da democracia, do aprimoramento da gestão pública e do combate à corrupção.

Além das ouvidorias, que podem ser comunicadas por intermédio de cartas, telefone, internet ou pessoalmente, os portais dos Tribunais de Contas oferecem um conjunto de importantes informações sobre a gestão pública, o qual está disponível *on-line*, gratuitamente, 24 horas por dia, para os cidadãos e movimentos sociais. São dados que dizem respeito não apenas acerca da aprovação ou reprovação das contas de determinado gestor, mas também sobre o desempenho relativo das políticas públicas nos municípios e estados. Assim, o cidadão interessado descobre quanto foi aplicado em educação no seu município em determinado período e também quais foram os resultados alcançados pelo município em indicadores como o Ideb e o Enem; fica sabendo o percentual dos gastos em saúde e também a evolução de indicadores como a mortalidade infantil, a dengue ou a hanseníase. Informa-se sobre o volume de recursos transferidos da esfera estadual ou federal e pode comparar o desempenho alcançado com os dos municípios vizinhos ou de perfil socioeconômico semelhante.

Cada vez mais, a gestão pública deve ser transparente. Cada vez mais, o conceito republicano de prestação de contas deixará de referir-se a um processo empoeirado com documentos contábeis incompreensíveis ao leigo e de exame restrito a técnicos, e passará a ser uma dinâmica compartilhada de acompanhamento simultâneo da gestão pública pela sociedade.

Além de facilitar denúncias e de agilizar comunicações, as novas tecnologias de informação são extraordinários instrumentos que podem e devem ser utilizados pela cidadania para o fortalecimento da democracia.

Publicado originalmente em *A Gazeta*, em março de 2015.

SOBREPREÇO E SUPERFATURAMENTO

Sobrepreço e superfaturamento são duas expressões cada vez mais frequentes no noticiário econômico e político, e até mesmo nas conversas cotidianas. Observo que muitos utilizam tais termos como se sinônimos fossem, o que não é correto.

Sobrepreço é a irregularidade que ocorre quando o preço global de um contrato ou os preços unitários constantes de sua composição encontram-se injustificadamente superiores aos preços praticados no respectivo mercado.

Por sua vez, podem ocorrer duas modalidades de superfaturamento: a primeira quando se faturam serviços ou itens de uma obra ou fornecimento com sobrepreço; e a segunda quando se faturam serviços ou itens que não foram executados ou entregues, total ou parcialmente. No primeiro caso, um contrato com sobrepreço, ao ser executado, gerou superfaturamento. No último, mesmo que o contrato tenha sido celebrado com estrita observância dos preços de mercado, o superfaturamento deriva do fato de o produto não ter sido entregue na quantidade ou na qualidade especificadas e, ainda assim, o pagamento ter sido feito na totalidade ou em montante superior ao devido.

Assim, o superfaturamento está associado a despesas irregulares durante a execução do contrato, ao passo que o sobrepreço envolve falhas no processo da contratação. O sobrepreço no momento da celebração contratual viabiliza o superfaturamento na etapa de sua execução.

Prevenir o sobrepreço implica aprimorar o planejamento administrativo e as técnicas para apurar o valor de mercado dos bens, serviços e obras que se pretende contratar.

O superfaturamento é evitado pela cuidadosa fiscalização da execução contratual, a quem cumpre exigir que os bens, serviços e obras atendam à previsão, tanto em quantidade como em qualidade.

E quando os responsáveis pelo acompanhamento constatarem que determinado contrato foi celebrado com sobrepreço, é seu dever propor uma repactuação a menor dos valores, ou a maior das quantidades, ou, ainda, dependendo das circunstâncias, a sua anulação.

Todavia, nem sempre diferenças de preços na aquisição de um mesmo bem caracterizam sobrepreço. Suponha que duas prefeituras adquiram o mesmo equipamento com uma diferença de 25% no valor unitário. Isso não significa necessariamente que aquela que contratou pelo maior valor tenha praticado sobrepreço. É necessário avaliar aspectos como o período da compra, pois os valores dos bens não são constantes no tempo; bem como o volume adquirido, uma vez que podem existir economia e descontos em virtude da escala da compra; e, ainda, fatores como frete e logística que podem impactar significativamente o custo final. Tais cuidados são requeridos para evitar leviandade ou banalização nas denúncias.

Sobrepreço e superfaturamento são irregularidades muito graves e devem ser diuturnamente combatidas pelos órgãos de controle interno e pelos Tribunais de Contas. Ademais, essas condutas tipificam crimes que devem ser apreciados pelo Poder Judiciário. Como têm revelado as investigações da Operação Lava-jato, o superfaturamento de contratos na Administração Pública provoca um prejuízo de dezenas de bilhões de dólares para o país, além de irrigar a corrupção em múltiplos poderes e escalões hierárquicos.

Como tenho argumentado em outras oportunidades, para a sociedade a prevenção é preferível à repressão, evitando a ocorrência do dano. No entanto, quando o dano ocorre, a punição deve ser rigorosa e exemplar, para dissuadir a sua disseminação. Quanto maior o prejuízo e maiores as autoridades responsáveis, maiores devem ser as condenações, tanto pelas Cortes de Contas, como nas esferas civil e penal.

Publicado originalmente em *A Gazeta*, em abril de 2016.

VERDADE FISCAL

Uma das mais relevantes atribuições do Tribunal de Contas é informar corretamente a sociedade acerca do estado das finanças públicas, sob os aspectos contábil, orçamentário, financeiro, patrimonial e operacional.

De fato, nenhuma outra instituição pública ou privada dispõe do acervo de informações relativas às contas governamentais que o TC acumula, tanto no que concerne à arrecadação de receitas, quanto em relação à execução de despesas. Tais informações derivam não apenas das prestações de contas anuais que os gestores públicos têm o dever constitucional de apresentar, mas também de um conjunto de ações de fiscalização em processos de auditorias, inspeções, monitoramentos, acompanhamentos, denúncias, entre outros.

As informações disponibilizadas pelos TCs são úteis para que a Assembleia e as Câmaras Municipais exerçam o seu papel de fiscalização do desempenho do Poder Executivo e possam atuar com segurança na discussão das leis orçamentárias. São necessárias também para os órgãos de imprensa comunicarem ao público notícias acerca das finanças estatais. São importantes para sindicatos e associações formularem suas propostas. De igual modo, para as universidades e institutos de pesquisa na elaboração de estudos acadêmicos. Finalmente, são proveitosas para o cidadão consciente que busca uma informação independente e confiável sobre os resultados das políticas públicas e para os próprios gestores aprimorarem o planejamento e a execução de suas atividades.

Entre as informações mais significativas que o Tribunal de Contas deve certificar estão as relacionadas à gestão fiscal do estado e dos municípios. A própria Lei de Responsabilidade Fiscal (LRF), no seu art. 59, determina que compete aos TCs verificar os cálculos dos limites da despesa total com pessoal de todos os Poderes e órgãos.

Nesse aspecto particular, é forçoso reconhecer que o TCE-MT não estava sendo preciso na comunicação à sociedade.

De fato, ao longo do tempo, aqui foram adotadas diversas interpretações condescendentes sobre conceitos da LRF, que conduziram a resultados que não permitiam identificar com nitidez a verdadeira situação fiscal de Mato Grosso. Tais interpretações, em sua maioria, estavam em contradição com as melhores técnicas de contabilidade pública e em dissonância com os entendimentos da Secretaria do Tesouro Nacional (STN), do TCU e da maioria dos TCs brasileiros.

A situação chegou a tal ponto que, em inúmeros relatórios e documentos oficiais, eram apresentados dois cálculos diferentes, por exemplo, da receita corrente líquida e da despesa total com pessoal; um de acordo com a metodologia da STN, outro segundo a versão do TCE-MT. Enquanto nas contas da STN, os limites de alerta, prudencial e máximo para as despesas de pessoal estavam ultrapassados, para o TCE-MT ainda havia margem de expansão para esses gastos. Contudo, ao optar pela interpretação mais tolerante, o estado e os municípios mato-grossenses deixaram de promover diversas medidas de cautela determinadas pela LRF, o que culminou por agravar a crise fiscal.

Em 2018, o TCE-MT decidiu atualizar a sua jurisprudência, alinhando-se com a melhor doutrina e com uma interpretação mais precisa e rigorosa das normas de responsabilidade fiscal. Por meio de um conjunto de reexame de teses, foram revistas decisões anteriores, como as que excluíam os gastos com pessoal da Defensoria Pública do cômputo das despesas gerais com pessoal ou o montante do Imposto de Renda Retido na Fonte do cálculo da receita corrente líquida e das despesas com pessoal.

Refeitos os cálculos após a correção dessas distorções, o retrato que emerge das contas públicas mato-grossenses é muito mais crítico e preocupante do que o que vinha sendo anteriormente apresentado. Mas agora é bem mais próximo da realidade e, por isso, capaz de melhor informar decisões importantes e necessárias.

Um órgão de controle externo tem o dever de expor, tempestiva e corretamente, os números da verdade fiscal. O TCE-MT está buscando cumprir esse papel.

Publicado originalmente em *A Gazeta*, em dezembro de 2018.

AJUSTE FISCAL, SEU LINDO

Há poucos temas tão desprovidos de charme como o ajuste fiscal. Na seara política, é evitado por um motivo óbvio: tem a péssima reputação de não render votos aos que o defendem, mas sim aos que criticam seus efeitos colaterais. Na esfera acadêmica, é visto com desconfiança, suspeito de integrar uma ardilosa conspiração neoliberal contra os direitos sociais. Na área técnica de gestão, é objeto de certa confusão de inspiração corporativista: muitos o admitem, desde que as medidas sejam implementadas em outros órgãos e poderes, nunca no seu.

Como resultado, converteu-se num daqueles assuntos tediosos, para os quais a saída mais fácil é sempre a procrastinação.

Grande parte dos nossos gestores tem atuado como o cidadão sedentário e com sobrepeso, com risco de hipertensão, diabetes e doenças cardíacas, mas que sempre adia o início da dieta e dos exercícios físicos para a semana seguinte, para depois do feriado, etc. Sem falar naqueles que optam por fraudar a balança e proclamam ao mundo que estão em forma e no peso ideal. É o caso dos que tentam – e às vezes conseguem – aplicar a chamada contabilidade destrutiva, manipulando indicadores de receita, endividamento e despesas com pessoal, para apresentar resultados fiscais favoráveis em completo descompasso com a realidade.

Como sabe todo profissional de saúde, a negação da doença não produz a sua cura, e a postergação do tratamento somente conduz ao agravamento da enfermidade.

Infelizmente, há muitos que não aprendem com as experiências históricas e com as evidências científicas.

Apesar da crise sem precedentes que o Brasil sofreu desde 2014 em virtude dos desacertos e da irresponsabilidade na condução da política econômica e da gestão fiscal, reproduzidos em escalas diversas em muitos estados e municípios, ainda é frequente assistirmos à fanfarra dos que negam legitimidade social para o ajuste fiscal ou que o toleram apenas quando não alcance os seus privilégios setoriais ou corporativos. Em abril de 2019, o TCE-MT promoveu o Seminário "Ajuste Fiscal ou Desgoverno", com a participação de alguns dos mais respeitados especialistas em finanças e gestão pública do Brasil. Em palestras de alto nível, a tônica foi a urgência de buscar um equilíbrio sustentável entre despesas e receitas públicas.

Cada cidadão brasileiro deseja que os impostos que paga se traduzam em serviços públicos de qualidade: educação, saúde, segurança, infraestrutura, proteção ambiental, entre outros.

Isso simplesmente não ocorrerá se não houver responsabilidade fiscal, planejamento orçamentário e controle do endividamento e da expansão das despesas de custeio e de pessoal. Isso exige diálogo permanente e democrático com a sociedade e uma atuação proativa, técnica e efetiva dos Tribunais de Contas.

É um grave equívoco imaginar que o crescimento voluntarista do gasto público poderá assegurar o exercício dos direitos sociais e coletivos. Ao contrário, déficits crescentes conduzem ao colapso das políticas públicas, e os primeiros e maiores prejudicados são sempre os segmentos sociais mais vulneráveis.

O exemplo do Espírito Santo é bastante esclarecedor. Foi a recuperação das finanças públicas capixabas a partir de 2015 que permitiu ao estado atingir o melhor resultado nacional do Ideb do ensino médio, a menor mortalidade infantil do país e uma expressiva redução na taxa de homicídios e crimes violentos.

É tempo de amadurecer e de reconhecer que o ajuste fiscal é necessário e bem-vindo. Ajuste fiscal, seu lindo!

Publicado originalmente em *A Gazeta*, em abril de 2019.

DESAFIOS PARA UM ORÇAMENTO DEMOCRÁTICO

Todos reconhecem a grande relevância da lei orçamentária. Há quem afirme que, depois da Constituição, as leis orçamentárias são as mais importantes para o cidadão, pois nelas se traduz um compromisso entre as múltiplas aspirações da coletividade com a limitada capacidade de pagá-las mediante tributos e outras fontes de receita pública.

Historicamente, desde a Magna Carta, a Convenção de Filadélfia e a Revolução Francesa, a própria origem dos parlamentos modernos está vinculada aos temas da legitimidade e dos limites da arrecadação e da despesa públicas.

O debate do orçamento deveria ser o momento mais nobre da agenda anual das casas legislativas, no qual elas encarnariam com plenitude a sua intransferível natureza de representantes do povo. Seria a oportunidade de questionar as prioridades na execução das políticas públicas, denunciar excessos e lacunas, reforçar pontos positivos, eliminar desperdícios, convocar autoridades para esclarecimentos, promover audiências públicas setorizadas, convocar especialistas para contribuírem nas discussões temáticas, etc.

Entretanto, como se sabe, não é o que sói acontecer em nosso país.

Malgrado inúmeras iniciativas pontuais no sentido de buscar maior participação popular no processo de aprovação das leis orçamentárias, o assunto continua muito distante da maioria dos cidadãos, o que é uma lástima, pois decisões de vital importância para a coletividade são adotadas por grupos restritos de técnicos, políticos e lobistas, representantes de interesses corporativos.

Diversos fatores explicam o fenômeno. A ausência do voto distrital fomenta um modelo político em que o parlamentar não desenvolve vinculação orgânica com determinada base eleitoral, além de multiplicar os custos de campanha. A pulverização partidária conduz à formação de maiorias parlamentares instáveis e não programáticas. A complexidade da legislação tributária converte sua discussão em conciliábulo de iniciados. O secular ranço autoritário e patrimonialista ainda contamina as relações entre os poderes e entre esses e a sociedade.

Porém os problemas não se situam apenas nas etapas de elaboração do orçamento pelo Poder Executivo e sua discussão e aprovação pelo Legislativo. Criou-se entre nós uma regra não escrita de que o orçamento é documento meramente autorizativo e que os gestores dispõem de ampla discricionariedade em relação à escolha dos programas e atividades que serão de fato implementados.

Assim, é comum constatar que, embora determinados projetos, por exemplo, nas áreas ambiental ou cultural, tenham, a duríssimas penas, conquistado a previsão de dotações nas peças orçamentárias, ao final do exercício apresentam índices de execução inferiores a 10% ou até nulos. Não basta a alocação de créditos na lei do orçamento; é necessária a efetiva aplicação dos recursos nos objetivos a que se destinam, vale dizer, o empenho, a liquidação e o pagamento das despesas autorizadas pelos créditos orçamentários.

Conclui-se que as etapas de execução e de controle do orçamento são de enorme importância e exigem minucioso acompanhamento pelo Legislativo e pela sociedade, de modo a não frustrar o equilíbrio pactuado quando da tramitação dos projetos de lei. Nesse sentido, os relatórios previstos pela Lei de Responsabilidade Fiscal são instrumentos úteis, porém ainda pouco utilizados em relação ao seu potencial.

Na realidade, frequentemente é o próprio Parlamento que abdica de sua missão constitucional, ao conceder aos governantes generosas autorizações prévias para abertura, mediante decretos, de créditos adicionais suplementares e especiais, inclusive com a anulação das dotações aprovadas em lei. Ora, se o orçamento é a principal peça de planejamento da gestão pública, como esperar ou cobrar resultados se o planejamento é alterado dezenas de vezes em poucos meses?

Nossa democracia não será completa enquanto a discussão orçamentária for hermética, opaca e semiclandestina para a maioria dos brasileiros.

Publicado originalmente em *A Gazeta*, em julho de 2017.

QUEM VAI PAGAR A CONTA?

Pasadena é uma cidade de porte médio na região metropolitana de Houston no Texas, distante 6.523 km de Cuiabá e com população pouco maior que Sinop.

Em agosto de 2014 o Tribunal de Contas da União (TCU) julgou o processo de fiscalização relativo à compra, por uma subsidiária da Petrobras, de uma refinaria em Pasadena. Foi identificado na operação um prejuízo de 792 milhões de dólares. Nunca antes na história do TCU foi comprovado um rombo de tamanha dimensão. Para se ter uma ideia, em 2013, houve 1.097 processos no TCU que resultaram em condenações, que juntas somaram R$1,1 bilhão.

A Petrobras é uma sociedade anônima, controlada pela União, que detém a maioria de suas ações ordinárias. Assim, apesar de ter milhares de acionistas privados, pertence à Administração indireta federal. Em decorrência, o governo federal indica a sua diretoria executiva e a maioria dos integrantes do Conselho de Administração. Além disso, a empresa é fiscalizada e tem suas contas julgadas pelo TCU, devendo obedecer a normas de direito público no que se refere à contratação de obras, bens, serviços e pessoal. A Petrobras America, que adquiriu a refinaria texana, pertence à Petrobras, logo, também integra a Administração Pública. As irregularidades que provocaram o prejuízo ocorreram no governo anterior e na gestão anterior da Petrobras.

Em síntese, o fantástico prejuízo de Pasadena foi provocado por uma sucessão de decisões equivocadas, adotadas em desacordo com pareceres técnicos, baseadas em análises inadequadas e com ausência das cautelas mínimas que a dimensão do negócio recomendava. O prejuízo aos cofres públicos foi assim detalhado: (i) US$580,428,571, em decorrência da celebração de contratos junto à Astra, companhia belga que era a proprietária da refinaria, desconsiderando laudo elaborado por empresa de consultoria especializada; (ii) US$39,700,000, decorrentes de prejuízo causado pela dispensa de cobrança à Astra de valor previsto contratualmente relativo a passivo trabalhista e tributário; (iii) US$79,890,000, em razão de prejuízo resultante das tratativas com a Astra e da consequente assinatura da Carta de Intenções para aquisição dos 50% restantes da Pasadena por valor superior àquele que decorreria do acordo de acionistas e ao valor estipulado por consultoria especializada contratada pela Petrobras; e (iv) US$92,300,000, devidos a prejuízo causado pela decisão de postergar o cumprimento da sentença arbitral até o trânsito em julgado de ações que visavam a desconstituí-la.

Foram apontados como responsáveis, de quem se cobrará a restituição, os integrantes da diretoria e da administração da Petrobras e de sua subsidiária à época dos fatos.

Após a decisão unânime do Acórdão TCU nº 1.927/2014, haverá um longo período em que serão apresentados embargos, recursos e ações rescisórias. Em relação aos fatos ocorridos de 2006 a 2012, ainda passarão alguns anos até que ocorra o trânsito em julgado, quando a decisão será irrecorrível. Depois disso, a União deverá ingressar com ações de cobrança judicial, exigindo o ressarcimento do prejuízo pelos responsáveis. Trata-se de um processo também moroso e cuja taxa de sucesso é reduzida. Segundo a Procuradoria Geral da Fazenda Nacional, em 2011 a efetiva recuperação da dívida ativa da União não ultrapassou 1,4% do estoque.

Além do prejuízo da operação Pasadena propriamente dita, há outros dela decorrentes, como a expressiva queda de valor de mercado da Petrobras, prejudicando, além da União, milhares de pequenos acionistas. Pior: há notícias de que Pasadena não foi o único mau negócio dessa incrível diretoria que conseguiu fazer com que a sempre lucrativa Petrobras apresentasse prejuízo contábil no segundo trimestre de 2012. No entanto, estão fora do alcance de responsabilização aqueles que indicaram e nomearam os diretores que causaram o dano multimilionário.

Então, caro leitor, a esta altura você já deve ter imaginado a resposta à pergunta constante do título: quem vai pagar a conta? Somos todos nós, cidadãos brasileiros.

Publicado originalmente em *A Gazeta*, em agosto de 2014.

QUALIDADE DO GASTO PÚBLICO

Qualquer cliente de supermercado sabe disto. Não dá para colocar no carrinho a primeira embalagem que se encontra do produto que consta na lista de compras. Na feira, é a mesma coisa: tem que examinar o estado das frutas, legumes, peixes ou hortaliças antes de fechar o negócio. Não basta simplesmente comprar. É necessário que o produto esteja em boas condições, dentro do prazo de validade, contenha o selo de inspeção sanitária, etc. Da mesma forma, nem sempre o que é mais barato atende melhor à necessidade do cliente.

Todos esses cuidados também devem ser aplicados quando se cuida dos recursos públicos. Ao contrário do que pensam alguns, o público é o que é de todos e de cada um; e não o que está à disposição dos poucos que mandam e sob a responsabilidade de ninguém.

Na avaliação do desempenho da Administração Pública, nem sempre o gestor que gasta mais recursos em determinada área é o mais eficiente, e nem sempre o que gasta menos é o mais econômico. Explico.

Recente estudo do Banco Mundial confirmou algo que há algum tempo vem sendo apontado pelo Tribunal de Contas de Mato Grosso: o Sistema Único de Saúde (SUS) sofre mais com ineficiência do que com falta de verba. Muitas vezes o gestor aplica muitos recursos na saúde, porém de forma equivocada, sem planejamento ou metas claras, sem cuidados com desperdício ou abusos. Disso resulta que os resultados são pífios e os indicadores de saúde não registram evolução significativa, em prejuízo da sociedade. De que vale gastar muito, sem, por exemplo, reduzir as taxas de mortalidade infantil, hanseníase e dengue, ou melhorar a cobertura da vacinação tetravalente?

Entre os sintomas da ineficiência estão leitos hospitalares e equipamentos subutilizados, ao lado de longas filas de espera por atendimento especializado e toneladas de medicamentos caros destruídos por ter o prazo de validade vencido.

Assim, tão relevante quanto reivindicar mais verbas para a saúde e educação, o que ainda é necessário em muitas áreas, é exigir qualidade na aplicação do orçamento existente. Isso requer uma atuação mais efetiva dos órgãos de controle, não apenas dos Tribunais de Contas e Auditorias Internas, mas também dos importantíssimos instrumentos de controle social que são os Conselhos de políticas públicas. A legislação prevê a existência de inúmeros desses conselhos e lhes confere importantes atribuições. São os Conselhos do SUS, do FUNDEB, da Comunidade Escolar, de Assistência Social, entre outros. Todavia, muitos desses conselhos são inoperantes, despreparados ou desaparelhados para o exercício de suas funções. É fundamental para o aprimoramento da gestão pública que tais conselhos possam exercer plenamente o seu papel de propiciar a participação popular e o controle social.

De outro lado, o gestor que pensa economizar simplesmente contratando por preços menores muitas vezes está adquirindo produtos, serviços ou obras de qualidade inferior, que logo estarão deteriorados ou inservíveis, exigindo outras despesas de manutenção ou substituição. Ao contrário do que se pensa, a lei não obriga o gestor a comprar sempre mais barato, mas a buscar a proposta mais vantajosa para atender o interesse público.

Tão reprovável como deixar de aplicar o mínimo indispensável em políticas públicas essenciais, a exemplo de saúde e educação, é gastar em excesso, mas sem critério e sem resultados efetivos para a população. O grande desafio dos gestores públicos não é aumentar impostos para gastar mais, mas obter melhores resultados com os recursos disponíveis. E o grande desafio dos órgãos de controle é aprimorar os mecanismos de aferição da qualidade do gasto público.

Publicado originalmente em *A Gazeta*, em dezembro de 2013.

CARNAVAL COM DINHEIRO PÚBLICO

Recentemente, o Tribunal de Contas do Maranhão decidiu, em instrução normativa, que é ilegítimo o Poder Público custear despesas com carnaval e outras festividades populares quando o Estado ou Município estiver em situação de crise fiscal, por exemplo, atrasado no pagamento da folha salarial dos servidores ou com estado de emergência ou calamidade pública decretado. Além disso, haverá ilegitimidade também quando for constatada baixa efetividade na gestão da saúde ou da educação. Embora inovadora pela sua amplitude, já houve decisões anteriores de outros TCs, glosando recursos aplicados em festas juninas, *shows* musicais, etc. Houve também diversas prefeituras que, por iniciativa própria, suspenderam festejos, alegando carência de recursos e outras prioridades.

O tema suscita muita polêmica. O atual prefeito carioca tem sido duramente criticado por reduzir à metade a verba destinada às escolas de samba para o tradicional desfile na Passarela do Samba. Argumenta-se que o carnaval atrai turistas, gerando empregos e dinamizando a economia local, trazendo aumento de receita para a própria prefeitura. Além disso, nos termos da Constituição, uma manifestação cultural consagrada e reconhecida como patrimônio imaterial, ainda que economicamente deficitária, mereceria o apoio do Poder Público. Outro argumento destaca que tais despesas são legais, desde que amparadas nas leis orçamentárias. Finalmente, existe a tradicional tese da impossibilidade de o julgador invadir a esfera de discricionariedade dos gestores.

Para melhor entendimento, a primeira diferenciação a ser feita é entre legalidade e legitimidade. São conceitos distintos e assim se apresentam no art. 70 da Constituição, que atribui aos TCs competência para a fiscalização dos gastos públicos tanto sob a ótica da legalidade, quanto da legitimidade e, ainda, da economicidade. Na imensa maioria dos casos, o que é legítimo também é legal, e o que é ilegal é ilegítimo. Todavia, há situações em que uma despesa pode ser legal, mas ilegítima; ou pode ser legítima, mas ilegal.

O controle da legalidade é relativamente simples: basta verificar se o ato de gestão está em conformidade com o direito positivo. Por sua vez, o exame da legitimidade envolve a formulação de um juízo de valor, uma avaliação das circunstâncias em que o ato foi praticado, uma ponderação da prioridade relativa entre a despesa efetuada e as outras necessidades da comunidade. Assim, a legitimidade dos gastos está associada à satisfação dos anseios da sociedade, devendo sempre ser ponderada a finalidade desejada e a motivação oferecida.

O controle da legitimidade das despesas pelos TCs é especialmente importante quando há escassez de recursos e deficiência no atendimento dos direitos essenciais dos cidadãos. Uma situação semelhante a uma casa onde falta comida para as crianças e remédios para os idosos, mas onde o dinheiro disponível é aplicado em produtos supérfluos como joias ou cosméticos.

Voltando ao carnaval, há que se separar dois tipos de despesas. O primeiro diz respeito aos serviços públicos propriamente ditos; o outro, à festa em si, ou seja, os custos com fantasias, artistas, etc. No último caso, a responsabilidade maior é dos participantes e organizadores dos eventos, que podem optar por alternativas simples ou sofisticadas e buscar o patrocínio do comércio local ou de fabricantes de produtos que desejam ter as suas marcas associadas às festividades. Já no que concerne aos serviços públicos, ao autorizar o evento, a Administração não pode se escusar de dimensionar e assegurar os aspectos relativos a segurança, limpeza, fluxo de trânsito, etc. De acordo com cada legislação local, tais gastos podem ou não ser cobrados, total ou parcialmente, dos organizadores da festividade.

De modo geral, a decisão do TCE-MA foi bem recebida por lá, pois naquele estado há inúmeros municípios em situação de grave crise econômica e com indicadores sociais entre os piores do país. Mas é um debate que precisa ser aprofundado em todo o país.

Publicado originalmente em *A Gazeta*, em fevereiro de 2018.

CONSCIÊNCIA CIDADÃ

No mês de março, em Primavera do Leste, o Tribunal de Contas de Mato Grosso realizará um diálogo público com a sociedade. Será o primeiro evento de 2018 do programa Consciência Cidadã. Estão programados também encontros em Sapezal, Sorriso, Querência e, em novembro, Cuiabá/Várzea Grande. Durante o encontro, serão debatidos temas como a essencialidade do controle externo para a democracia, o combate à corrupção e a melhoria das políticas públicas, especialmente de educação e saúde. Também serão apresentadas ferramentas para o exercício do controle social e discutida a importância do engajamento e da participação populares. Serão citados exemplos de casos reais em que a iniciativa de um indivíduo ou grupo provocou a ação dos órgãos de fiscalização, com benefícios concretos para a coletividade.

O novo formato proposto reduziu o tempo destinado às falas de autoridades, privilegiando o diálogo com as lideranças locais, que poderão buscar informações e formular questionamentos, críticas e sugestões relativas à atuação do TCE no controle externo da Administração Pública estadual e municipal.

Além dos eventos Consciência Cidadã, o TCE-MT programou para 2018 diversas outras atividades envolvendo interação com segmentos da sociedade mato-grossense. Em parceria com as universidades, estão previstas 22 palestras para acadêmicos de direito, economia, administração, contabilidade e engenharia. Voltado para os gestores públicos, especialmente integrantes do controle interno, contadores, assessores jurídicos, fiscais de contrato e membros de comissões de licitação e pregoeiros, o ciclo de palestras Gestão Eficaz alcançará todos os municípios de Mato Grosso, começando por Rondonópolis em março, e com eventos nos polos de Cáceres, Sinop, Barra do Garças, Juína e Cuiabá, com previsão de 1.100 participantes.

Outra importante linha de atuação envolve a utilização, pela Escola de Contas Benedito Santana da Silva Freire, dos mais modernos recursos tecnológicos para cursos de Educação a Distância, englobando temas de controle externo e gestão pública. Em abril, terá início o curso de extensão sobre cidadania e controle social, certificado pela Universidade Federal de Mato Grosso, e cujas mil vagas ofertadas já foram preenchidas.

Todas essas ações estão em sintonia com a visão de que, mais do que uma ação punitiva *a posteriori*, a maior contribuição que o Tribunal de Contas pode oferecer para o aprimoramento da gestão pública é o controle preventivo, inclusive mediante a orientação e capacitação dos jurisdicionados e o estímulo à participação qualificada dos cidadãos nas inúmeras instâncias de controle social.

Como sempre destacamos, o Poder Público não deve ficar encastelado em palácios faustosos, insensíveis à realidade social e inacessíveis para o cidadão comum. A exemplo da bela canção de Milton Nascimento "Nos bailes da vida", no Estado Democrático, os agentes e os serviços públicos têm de ir aonde o povo está. São necessárias disposição para dialogar, humildade para ouvir críticas, coragem para corrigir rumos e vontade de aprender sempre.

Publicado originalmente em *A Gazeta*, em fevereiro de 2018.

COOPERAÇÃO INOVADORA

Está em curso uma importante experiência de cooperação entre os Tribunais de Contas brasileiros. Sob a liderança do Tribunal de Contas da União, estão sendo realizadas duas auditorias coordenadas: uma sobre a qualidade do ensino médio e outra sobre as unidades de conservação na Amazônia. A primeira envolve, além do TCU, todos os 27 TCs estaduais e do Distrito Federal. A última tem a participação dos TCs de estados cujo território abrange o bioma Amazônia, como Mato Grosso, Acre, Amapá, Amazonas, Pará, Rondônia, Roraima, Tocantins e Maranhão.

A iniciativa partiu do TCU, que mobilizou todas as Cortes de Contas para atuarem de forma conjunta nesses temas de enorme relevância, tendo contado com a entusiasmada adesão dos dirigentes da Atricon (Associação dos Membros dos Tribunais de Contas do Brasil).

No caso da fiscalização sobre as unidades de conservação, a auditoria avaliará a governança ambiental das áreas protegidas na Amazônia, identificando riscos e oportunidades de melhoria, por meio da avaliação das condições normativas, institucionais e operacionais necessárias ao alcance dos objetivos traçados durante a criação das unidades de conservação. Isso permitirá aos Tribunais envolvidos formular recomendações e determinações para que as ações governamentais sejam mais eficazes.

Como se sabe, a Amazônia detém uma das maiores concentrações de biodiversidade no planeta, e a gestão de áreas protegidas representa a principal estratégia para a manutenção dessa biodiversidade. Mato Grosso dispõe de 17 unidades de conservação sob a gestão do governo estadual no bioma Amazônia, além de oito sob a gestão do ICM-Bio, com destaque para o Parque Nacional do Juruena, com mais de 1 milhão de hectares.

Entre outros aspectos, a auditoria operacional pretende realizar a avaliação sistêmica, do ponto de vista do controle externo, das unidades de conservação no bioma Amazônia, contribuindo para aprimorar a gestão dessas áreas; a avaliação da gestão e dos processos gerenciais a que cada UC está submetida, identificando gargalos e oportunidades de melhoria na atuação do governo federal e estadual em relação à governança ambiental no bioma Amazônia; a identificação das boas práticas que contribuem para o aprimoramento da gestão do Sistema de Nacional de Unidade de Conservação; a avaliação da existência de recursos orçamentários suficientes para melhoria da gestão de áreas protegidas; e o funcionamento do pacto federativo ambiental e do Sistema Nacional de Unidades de Conservação (SNUC – PNAP).

O trabalho envolve dezenas de auditores que receberam capacitação específica para atuação na área ambiental e, no caso de Mato Grosso, será um marco para a implantação sistemática da avaliação de aspectos ambientais nas auditorias de gestão. Afinal, no planejamento estratégico do TCE-MT, consta a meta de implantar auditorias ambientais sob a ótica do controle externo. Nada mais coerente, uma vez que o meio ambiente ecologicamente equilibrado é considerado pela Constituição como um direito de todos, sendo a Floresta Amazônica brasileira e o Pantanal declarados integrantes do patrimônio nacional.

Façamos votos de que essa cooperação inovadora produza bons frutos, resultando em maior qualidade da gestão das unidades de conservação, essenciais para a proteção da biodiversidade.

Publicado originalmente em *A Gazeta*, em maio de 2013.

MENOS MANCHETES, MAIS RESULTADOS

Algumas vezes ouço questionamentos quanto aos programas que o Tribunal de Contas desenvolve nas várias regiões de Mato Grosso, visando a capacitar gestores e agentes públicos e fomentar o controle social, mediante a capacitação de membros dos conselhos de políticas públicas, como saúde, educação e meio ambiente. Imagino que, para esses críticos, os conselheiros e auditores do TCE deveriam ficar confinados a uma espécie de gaiola dourada em Cuiabá, no conforto de ambientes climatizados e distantes da realidade cotidiana daqueles que sofrem as consequências positivas ou negativas de suas ações ou omissões.

Para muitos, a atuação do controle externo resume-se a alguns julgamentos espetaculares que envolvem milhões de reais e personalidades ou empresas conhecidas pelo seu poder político e econômico. De fato, no último ano, tais decisões têm ocorrido como nunca; por exemplo, as condenações que, somadas, determinaram a devolução de dezenas de milhões de reais impostas a um ex-governador e a vários ex-secretários de estado e ex-parlamentares. São punições firmes, mas necessárias diante da comprovação de atos lesivos ao erário.

Contudo, o viés punitivo não deve ser e não tem sido o foco principal das ações do TCE.

Para cada um desses julgamentos que geram manchetes nos noticiários, há muitas dezenas de processos e de atividades de natureza preventiva e orientativa que produzem impactos pontuais, mas cujo conjunto é de grande relevância para o aprimoramento da gestão pública e uma melhor qualidade de vida para os cidadãos.

Refiro-me, por exemplo, à melhoria na qualidade da merenda escolar nas escolas públicas estaduais e municipais, ao incremento na gestão de estoque das farmácias municipais, à racionalização na gestão das frotas públicas e à maior eficiência do transporte escolar. Há toda uma infinidade de "pequenas ações com pequenos resultados" que significam ganhos concretos, reais e que, na sua totalidade, são bastante expressivos para os usuários dos serviços públicos beneficiados com a melhor aplicação dos recursos disponíveis.

Para promover essa multiplicidade de transformações positivas é que o TCE-MT desenvolve diversos programas de capacitação e apoio à melhoria da gestão como o Programa de Aprimoramento do Sistema de Controle Interno dos Fiscalizados (Aprimora), o Programa Consciência Cidadã, o Programa Gestão Eficaz e os cursos na modalidade Ensino a Distância (EaD). Tais iniciativas alcançam os mais diversos segmentos sociais e todos os municípios mato-grossenses. A cada ano, centenas de gestores e milhares de cidadãos participam gratuitamente de atividades estruturadas de capacitação, planejamento, avaliação, monitoramento e debates com especialistas, mestres e doutores altamente qualificados nas diversas áreas da Administração Pública. São ações que revelam a dedicação e o profissionalismo de nossos servidores e colaboradores.

O Programa Aprimora, por exemplo, em execução em 113 municípios de MT, promove a melhoria contínua dos serviços prestados à população e realiza o acompanhamento da evolução dos níveis de maturidade dos controles internos das prefeituras em áreas sensíveis como gestão escolar, de serviços de saúde e de transportes.

Todas as semanas recebemos relatórios e depoimentos dando conta do impacto positivo de pequenas e grandes mudanças que foram inspiradas pela atuação pedagógica do TCE. São boas práticas cuja experiência será multiplicada. São falhas corrigidas, problemas evitados, desperdícios minimizados, ganhos de produtividade conquistados. Isso se traduz em menos irregularidades, denúncias, processos, multas, sanções e, consequentemente, em menos manchetes espetaculares. Mas é essa, possivelmente, a maior contribuição e o melhor resultado da atuação do controle externo.

É por isso que não iremos ficar acomodados no aconchego de poltronas palacianas e continuaremos percorrendo cada uma das regiões de nosso grande e belo Mato Grosso, dialogando com nossos concidadãos para aprimorar o exercício do controle externo, aproximando-o da realidade e conferindo-lhe maior efetividade.

Publicado originalmente em *A Gazeta*, em maio de 2019.

UFMT, TCE E A MELHORIA DA GESTÃO MUNICIPAL

A UFMT merece de todos os mato-grossenses muito respeito e gratidão pelo extraordinário papel que tem desempenhado na educação superior, na pesquisa científica e no desenvolvimento de nosso estado. No meu caso, além de respeito e gratidão, tenho carinho, pois fiz toda a minha formação acadêmica – bacharelado, mestrado e doutorado – numa universidade federal, a UFRJ, o que me tornou familiarizado com o importante trabalho desenvolvido nessas instituições – que não encontra paralelo nas universidades privadas – e sensível às dificuldades que enfrentam, especialmente as restrições de natureza orçamentária.

Há, todavia, uma relevante contribuição da UFMT para a sociedade mato-grossense que é muito pouco conhecida até mesmo no seio da própria universidade. Trata-se de duas parcerias com o TCE, cujos resultados positivos começam agora a aflorar.

A primeira diz respeito à organização de curso Cidadania e Controle Social para conselheiros municipais de políticas públicas, especialmente educação, saúde, assistência social e alimentação escolar. Essa iniciativa insere-se dentro do objetivo do TCE de fomentar o controle social e estimular a participação popular na elaboração, execução e fiscalização das políticas públicas, inclusive na discussão das leis orçamentárias. Realizado na modalidade Educação a Distância, em 2018 o curso contou com mais de 1.000 inscritos de 109 municípios, registrando um aproveitamento bastante superior ao de projetos similares. A turma de 2019 teve início em abril.

Enquanto o TCE, por meio da Escola Superior de Contas Benedito Sant'Ana da Silva Freire, é o responsável pela organização e logística, os professores da UFMT contribuíram com a elaboração do material didático, a estruturação do ambiente virtual de aprendizagem, a seleção dos tutores e a certificação do curso, registrado pelo Ministério da Educação.

A segunda parceria é relativa à consultoria nos projetos que o TCE desenvolve de apoio ao planejamento estratégico de 23 municípios de todas as regiões de MT e de incentivo ao acesso à informação, transparência pública e consciência cidadã. Professores da Faculdade de Administração e Ciências Contábeis, todos doutores e mestres, participam com a sua *expertise* em gestão pública para orientar o planejamento, o monitoramento de resultados, a correção de rumos e o compartilhamento de boas práticas. Ademais, os casos práticos vivenciados são matéria-prima para a formação dos estudantes e a elaboração de artigos científicos.

Os depoimentos de ex-alunos, prefeitos e controladores internos são muito estimulantes ao revelar a transformação positiva observada a partir da execução desses projetos. No primeiro caso, os Conselhos de políticas públicas deixaram de ser instâncias puramente formais de homologação de decisões governamentais e passaram a atuar como fóruns de debate efetivos e comprometidos com a melhoria dos resultados. No segundo, a disponibilização de modernas ferramentas de gestão, inclusive de *softwares* específicos para a gestão estratégica, permite que, mesmo com limitados recursos financeiros, os gestores de municípios de menor porte possam alcançar maior efetividade na execução de seus planos de governo.

Nesses dois projetos, TCE e UFMT colaboram para capacitar e empoderar tanto os cidadãos como os gestores públicos municipais. Essa é a melhor tradução da proposta de uma atuação preventiva e orientadora por parte dos responsáveis pelo controle externo da Administração Pública. Com isso, TCE e UFMT prestam uma contribuição efetiva para o fortalecimento da democracia e o aprimoramento da gestão das políticas públicas em benefício da sociedade.

Na qualidade de supervisor desses projetos no TCE-MT, torno público o meu reconhecimento e as minhas homenagens a todos os envolvidos, professores, auditores, servidores e alunos. Em época de tanto negativismo, vocês demonstram na prática que o que constrói um futuro melhor é o trabalho sério e dedicado em prol da coletividade.

Publicado originalmente em *A Gazeta*, em março de 2019.

DESPERDÍCIO SISTEMÁTICO

Uma das coisas mais simples de se fazer na gestão pública é gastar mal os recursos disponíveis. Desperdiçar dinheiro público, além de respeitar uma longa tradição, geralmente é uma atividade que não exige muito esforço, não gera responsabilização e às vezes até propicia alguns dividendos político-eleitorais.

Vamos a dois exemplos, todos eles puramente hipotéticos e ficcionais.

Um gestor adquire milhares de aparelhos de ar condicionado no intuito de propiciar conforto térmico para os estudantes da rede pública de ensino em região do país conhecida pela elevada temperatura média. Todavia, a Administração não propicia a adaptação das instalações elétricas nas unidades escolares e os aparelhos, já pagos, permanecem estocados em depósitos por meses e até anos, sofrendo deterioração, obsolescência e perda de garantia dos fabricantes. Em seu relatório anual, os responsáveis vangloriam-se por ter ampliado o montante de investimentos na educação pública.

Outro gestor resolve priorizar a saúde pública e, para imunizar a população infantil contra determinada enfermidade, determina a compra de 20 mil *kits* de vacinas, o que é feito sem licitação, dado o caráter emergencial e de absoluta necessidade em nome do respeito à vida humana. Pois bem: a população-alvo daquela comunidade, ou seja, o total de crianças na faixa etária em que a vacina deveria ser aplicada, era de apenas 5 mil indivíduos. Assim, três quartos da compra foram desperdiçados. Pior: os *kits* entregues pelo fornecedor estavam com o prazo de validade próximo ao final e, devido às carências logísticas daquela comunidade hipotética, em que a maior parte das crianças vive em áreas rurais ou aldeias indígenas com difícil acesso, além do reduzido número de profissionais de saúde que poderia se deslocar para a aplicação das vacinas, cerca de 40% da população não pode ser atendida em tempo hábil. Ao final, pagou-se por 20 mil *kits* para vacinar 3 mil crianças. Na campanha seguinte, aquela autoridade proclamava com orgulho que nunca antes na história da comunidade tantos recursos haviam sido aplicados na melhoria da saúde pública.

Inúmeros outros exemplos poderiam ser apresentados, principalmente envolvendo a contratação de obras públicas. Como, às vezes, a realidade é mais fantástica que a ficção, no início deste ano os brasileiros acompanharam o drama de um hospital recém-inaugurado cujo teto desabou. Felizmente, foram poucas as vítimas porque o hospital não estava funcionando e nunca havia atendido sequer um paciente, depois de meses da megassolenidade festiva, que incluiu um *show* exclusivo com uma das cantoras mais populares e de cachê mais caro daquela região do país. Os mesmos cofres públicos que bancaram o milionário espetáculo não tiveram recursos para fiscalizar a qualidade do material empregado e a correta execução da obra. Como sempre, os governantes contabilizaram positivamente seus feitos, afirmando que suas gestões foram responsáveis pela ampliação do número de leitos hospitalares na rede pública.

Em síntese, muitos são os caminhos do desperdício de recursos públicos. Ausência de planejamento, aquisições em quantidades excessivas ou insuficientes, má qualidade dos produtos ou serviços, deficiência na fiscalização e acompanhamento da execução dos contratos, e assim por diante. Ao final das contas, o prejuízo é imenso e se traduz não apenas nas dificuldades fiscais dos governos, como também na deficiente prestação de serviços à sociedade. É por isso que, por ocasião do julgamento das contas governamentais, cada vez mais os Tribunais de Contas, órgãos incumbidos de fiscalizar a gestão orçamentária, financeira, contábil, patrimonial e operacional da Administração Pública, tendem a ampliar, para além do exame da estrita legalidade dos atos de gestão, a utilização do critério da economicidade no emprego dos recursos públicos.

Publicado originalmente em *A Gazeta*, em março de 2013.

O CASO DOS REMÉDIOS VENCIDOS

Em 2001, quando escrevi meu primeiro livro – *Controle do patrimônio ambiental brasileiro*[6] –, apresentei como hipótese de ato antieconômico de gestão, a ser penalizado pelo Tribunal de Contas, a aquisição de lotes de vacinas com reduzido prazo de validade, de tal modo que não fosse possível aplicá-las na sua totalidade. Posteriormente, desenvolvi o tema em numerosos cursos de pós-graduação e no meu livro *Controle externo: teoria e jurisprudência para os Tribunais de Contas*.[7]

Quinze anos depois, a imprensa nacional noticia a "descoberta", no almoxarifado da prefeitura de um importante município do Centro--Oeste brasileiro, de várias toneladas de medicamentos com prazos de validade vencidos e, portanto, imprestáveis. É como se a boa teoria fosse confirmada pela prática da má gestão ou como se a desordem administrativa da vida real engendrasse irregularidades maiores e mais graves que as piores ficções imaginadas na esfera acadêmica.

Na sala de aula, o exemplo surgiu para diferenciar os três critérios que a Constituição estabelece para os Tribunais de Contas utilizarem no julgamento dos atos de gestão: legalidade, legitimidade e economicidade. Embora muito semelhantes, tais critérios não se confundem e devem ser objeto de avaliação específica, de modo a cumprir o mandamento constitucional para a atuação das Cortes de Contas. Assim, determinado ato de gestão pode ser considerado legal, com a sua aquisição observando as leis orçamentárias e de licitações; legítimo, pois a sua finalidade é o atendimento do interesse público e a concretização

---

[6] LIMA, Luiz Henrique. *Controle do patrimônio ambiental brasileiro*. Rio de Janeiro: Ed. UERJ, 2001.

[7] LIMA, Luiz Henrique. *Controle externo*: teoria e jurisprudência para os Tribunais de Contas. 8. ed. Rio de Janeiro: Forense; São Paulo: Método, 2001.

de um direito social; mas, ao mesmo tempo, antieconômico, quando algum vício impede que o objeto pretendido seja alcançado, tornando aquela despesa excessiva, desnecessária ou inútil.

Na hipótese das vacinas, a despesa seria excessiva se constatado sobrepreço ou superfaturamento; desnecessária, se a aquisição, ainda que por preços de mercado ou razoáveis, fosse em quantidade superior à demanda – por exemplo, 10 mil unidades para uma população de 5 mil indivíduos – ou em momento impróprio, próximo ao limite de validade do bem; ou ainda inútil, quando incompleta ou parcial – por exemplo, a compra de vacinas desacompanhadas dos protetores térmicos necessários para o seu acondicionamento apropriado – resultando na inexecução total ou parcial do resultado almejado.

Só um trabalho de auditoria específico poderá apontar as circunstâncias, os valores e as responsabilidades do caso concreto recentemente noticiado pela imprensa. Todavia, em tese, a presença de significativo volume de medicamentos com prazo de validade vencido indica a ocorrência de graves falhas de planejamento e/ou de gestão. A compra de remédios, ou de quaisquer outros bens com validade limitada, deve obedecer a um planejamento compatível com a necessidade de uso e a capacidade de distribuição. De outro lado, o armazenamento dos bens e a gestão dos estoques exigem cuidados para que não se deteriorem precocemente e estejam disponíveis quando necessários. Quando os controles internos administrativos funcionam adequadamente, muitos problemas podem ser evitados ou detectados a tempo de serem corrigidos. Quando não funcionam, compra-se mal, caro, em demasia e sequer se alcança a finalidade desejada.

De qualquer modo, o cidadão que contempla a imagem de caixas e mais caixas de remédios que viraram lixo não tem dúvidas de que houve grande desperdício de recursos públicos na área da saúde. Infelizmente, a hipótese teórica formulada há tempos foi concretizada e maximizada pela incompetência e pelo descaso. Espera-se que esse triste episódio possa servir de alerta para prevenir outros casos e reforçar a importância de o controle atuar não apenas sob a ótica da legalidade, mas também da legitimidade e economicidade.

Publicado originalmente em *A Gazeta*, em agosto de 2015.

O EXEMPLO DO FUNAJURIS

A declaração de missão do Tribunal de Contas de Mato Grosso é controlar a gestão dos recursos públicos do estado e dos municípios, mediante orientação, avaliação de desempenho, fiscalização e julgamento, contribuindo para a qualidade e a efetividade dos serviços no interesse da sociedade.

Observem que a orientação precede a avaliação de desempenho, e essa, a fiscalização e o julgamento. Todo o trabalho deve ser realizado no interesse da sociedade, e o resultado esperado é a melhoria na qualidade e na efetividade na execução de políticas governamentais e na prestação de serviços públicos.

Alguns céticos dizem que isso é apenas uma declaração de boas intenções. Outros, mais desinformados, criticam duramente o TCE porque, diante da primeira fumaça de corrupção, gostariam de ver os envolvidos algemados e sumariamente condenados a penas degradantes. Ao final, concluem que o TCE não exerce adequadamente o controle externo e é, ele próprio, um exemplo de desperdício de recursos públicos.

Com o devido respeito, ambas posições estão equivocadas, tanto nas premissas, como na conclusão. Existem muitos casos interessantes que poderiam ser comentados, mas um bom exemplo é o que ocorreu com o Fundo de Apoio ao Poder Judiciário de MT (Funajuris).

O Fundo foi criado em 1985 e tem por finalidade o fortalecimento dos recursos financeiros e patrimoniais complementares ao orçamento estadual, destinados ao reequipamento físico e tecnológico da estrutura do Poder Judiciário, proporcionando meios para a dinamização dos serviços judiciários do Estado. De acordo com a Lei nº 4.964/1985, o Fundo deve manter contabilidade própria, independente do Tribunal de Justiça.

A receita do Funajuris é composta por taxas judiciárias, custas judiciais e do Foro Extrajudicial, além de uma quota do ITCM – imposto estadual. Em 2017, a despesa realizada do referido Fundo foi de R$275 milhões. O valor representa cerca de 20% do orçamento total do Poder Judiciário e constitui um dos maiores orçamentos de MT, superior à maioria das Secretarias de Estado e a 137 prefeituras.

Em nove anos de atuação no TCE-MT, por três vezes fui o relator das contas do Funajuris: as relativas aos exercícios de 2010, 2012 e 2017. Na primeira oportunidade, em 2010, foram constatadas 21 irregularidades graves, em áreas como contabilidade, patrimônio, licitações, controle interno, etc. Na ocasião, o TCE-MT expediu 23 determinações e recomendações, além de aplicar multas a três agentes públicos.

Dois anos depois, nas contas de 2012, diversos problemas já tinham sido equacionados com a implementação das orientações do TCE. Ainda assim, houve 10 determinações e recomendações e três multas.

Desde então, diversos relatores atuaram e o número de irregularidades foi sendo reduzido, mercê da determinação dos sucessivos dirigentes do Poder Judiciário no sentido do aprimoramento da gestão e da correção das falhas apontadas pelo TCE-MT. A atuação do controle interno foi bastante fortalecida.

Finalmente, agora em 2018, ao proceder à fiscalização contábil, orçamentária, financeira, operacional e patrimonial da gestão de 2017 do Funajuris, os auditores do TCE-MT não apontaram quaisquer falhas, inconsistências ou irregularidades, o que conduziu à aprovação unânime e sem ressalvas daquelas contas. Um caso raro e muito louvável num orçamento dessa dimensão. Espera-se que as próximas gestões continuem assegurando a legalidade, legitimidade e economicidade no uso desses recursos.

O exemplo do Funajuris traz-nos algumas lições. A primeira é que não há milagres ou soluções que produzam resultados imediatos. A evolução ocorre progressivamente ao longo de um intervalo de tempo. A segunda é que o trabalho de orientação aos jurisdicionados pelos Tribunais de Contas produz, sim, ganhos concretos de aprimoramento dos serviços públicos em benefício da população. A terceira é que é muito mais prazeroso elogiar a boa gestão do que punir os maus gestores.

O bom controle é aliado dos bons administradores e traz bons resultados para a sociedade.

Publicado originalmente em *A Gazeta*, em setembro de 2018.

FINAL DE MANDATO

Ao aproximar-se o final dos mandatos dos atuais prefeitos municipais, é importante destacar a necessidade de maiores cuidados com a gestão pública.

Até recentemente não era raro que esse período fosse marcado por um festival de decisões altamente comprometedoras para os cofres públicos e para a qualidade dos serviços públicos. No afã de eleger seus candidatos, muitos mandatários guardavam para o ano eleitoral a concessão de vantagens ao funcionalismo, isenções e benefícios fiscais, distribuição de benesses em geral e anúncios de grandes obras sem garantia de recursos orçamentários. Na hipótese de derrota nas urnas, ou seja, na iminência da posse de adversários políticos, os desatinos eram ainda maiores: antecipação de pagamentos a determinados fornecedores, assinaturas de contratos vultosos, contração de dívidas, etc.

Muitas vezes o prefeito eleito, ao assumir, deparava-se com o caixa zerado, canteiros de obras abandonados, vencimentos em atraso, ameaças de cortes no fornecimento de luz, água e telefone, arquivos desaparecidos, entre outras mazelas derivadas da irresponsabilidade político-administrativa.

Com o advento da Lei de Responsabilidade Fiscal e com o aprimoramento da legislação eleitoral, muitas dessas condutas foram vedadas. Por exemplo: a contratação de despesa nos últimos oito meses de mandato que não possa ser cumprida integralmente dentro dele, ou que tenha parcelas a serem pagas no exercício seguinte sem que haja suficiente disponibilidade de caixa para esse efeito. Tal prática foi classificada como crime no Código Penal (art. 359-C), punível com pena de reclusão de um a quatro anos.

Outra importante vedação diz respeito à contratação e nomeação de novos servidores ou empregados públicos, bem como à demissão sem justa causa ou remoção, salvo hipóteses previstas em lei. De igual forma, a concessão de aumentos de vencimentos ou novas vantagens salariais, exceto a reposição das perdas inflacionárias. Nos últimos 180 dias de mandato são vedados atos que impliquem aumentos das despesas com pessoal.

Ademais, são proibidas as operações de crédito por antecipação de receita, vedadas durante todo o último ano do mandato executivo.

Também não são admitidos gastos públicos com publicidade que caracterize promoção pessoal do governante ou da facção política a que pertence. Além disso, os gastos com publicidade no ano eleitoral não podem exceder a média dos três anos anteriores.

Tais regras visam a evitar o comprometimento dos orçamentos futuros e a inviabilização da administração sucessora, bem como assegurar a lisura do pleito e a isonomia entre os candidatos. O final de mandato, com ou sem êxito eleitoral, deve ser o momento de o gestor buscar com maior zelo o cumprimento dos princípios constitucionais da Administração Pública: legalidade, impessoalidade, moralidade, publicidade e eficiência.

Cumpre aos Tribunais de Contas importante papel na fiscalização das normas da gestão fiscal. Assim, é importante alertar, prevenir e orientar os gestores para evitar a ocorrência de práticas que, além de prejudicar a sociedade, poderão acarretar-lhes severas punições. O cidadão, por sua vez, também pode contribuir denunciando a ocorrência de irregularidades e expressando sua condenação aos seus autores. A observância de práticas responsáveis e dignas no período eleitoral e de encerramento de mandatos fortalece a democracia e dá à gestão pública o caráter republicano com que todos sonhamos.

Publicado originalmente em *A Gazeta*, em julho de 2012.

NOVOS GESTORES E SEUS DESAFIOS

Outro dia, li um verso de Alfredo Cuervo Barrero: "É proibido chorar sem aprender".[8] Tomo emprestada a lição, pois penso que devemos sempre com humildade procurar aprender a corrigir nossas próprias falhas, bem como observar as alheias para não as repetir. Por isso, tenho convicção de que, dos trabalhos que o Tribunal de Contas realiza, o que possui maior efetividade e resulta em maiores benefícios para a sociedade não é o de julgar e punir, mas o de orientar e prevenir.

Sem dúvida, o mau gestor deve ser penalizado, o prejuízo aos cofres públicos deve ser ressarcido e o ato irregular não pode permanecer impune. Todavia, o ideal é que a sanção não seja necessária porque, antes que provocasse danos, a falha foi evitada, interrompida ou anulada.

Os novos dirigentes municipais – prefeitos e vereadores – completaram um mês de mandato. Nesse período foram nomeados secretários municipais, dirigentes de autarquias e órgãos, presidentes de consórcios, assessores parlamentares e outros cargos relevantes para a gestão das cidades.

Na teoria, não há mistério para realizar uma boa gestão: planejar estrategicamente, definindo diretrizes, objetivos e metas; alocar recursos para os programas e ações; executar o planejado com disciplina e flexibilidade no enfrentamento das variações conjunturais; e monitorar os resultados alcançados, ajustando o que for necessário.

Na prática, é muito importante que esses novos responsáveis conheçam os problemas identificados pelo TCE nos exercícios anteriores,

---

[8] Do poema "Queda Prohibido".

bem como as determinações e recomendações para sua adequação. A situação pormenorizada de cada município e órgão está disponível no portal do TCE na internet. Adotar as providências corretivas necessárias desde o início da gestão evita muitos problemas e dissabores no futuro.

Periodicamente, o TCE consolida um *ranking* de irregularidades no qual apresenta as falhas mais frequentes nas diversas áreas fiscalizadas: contabilidade, pessoal, contratos, etc.

De modo geral, os novos gestores devem estar atentos a situações comuns a quase todos os jurisdicionados do TCE e que se tornam mais agudas diante da crise econômica do país e da crise fiscal do setor público.

Primeiro: zelar pela previdência pública. Repassar aos fundos previdenciários tempestivamente o valor das contribuições patronal e dos servidores, e cuidar para que os recursos previdenciários sejam aplicados com prudência.

Segundo: fortalecer e prestigiar a atuação do controle interno, capaz de prevenir inúmeras falhas procedimentais, legais e operacionais.

Terceiro: indicar pessoas qualificadas, selecionadas por concurso público, como responsáveis pelas áreas de contabilidade, orçamento e licitações.

Quarto: identificar e eliminar eventuais focos de desperdício, tanto em contratos de obras ou de prestação de serviços de natureza contínua, como na alocação de pessoal, veículos e outros equipamentos. Novas tecnologias podem propiciar significativa economia em custos de energia, papel, comunicações, etc.

Quinto: rever cuidadosamente os projetos antes de promover licitações. Projetos mal elaborados geram problemas de execução, aditivos contratuais e produtos caros e de má qualidade.

Sexto: selecionar fiscais para acompanhar a execução de todos os contratos administrativos.

Sétimo: assegurar o respeito às normas de transparência na Administração.

Por fim: ler e reler os relatórios, pareceres e decisões do TCE relativas à sua esfera de responsabilidade.

Com tais cuidados, os novos gestores terão melhores condições de dar efetividade aos compromissos que assumiram com suas comunidades. Sonho com o dia em que, mais do que aplicar multas, os Tribunais de Contas concederão prêmios aos gestores que, ao final de seus mandatos, tenham obtido melhores resultados na evolução dos indicadores de políticas públicas, como os resultados do Ideb na educação ou os índices de cobertura vacinal na saúde.

Afinal, como diz o verso de Milton Nascimento: "Se muito vale o já feito, mais vale o que será".

Publicado originalmente em *A Gazeta*, em fevereiro de 2017.

OMISSÃO E INTERVENÇÃO

Um dos principais deveres dos gestores públicos é a prestação de contas acerca dos recursos do tesouro sob sua responsabilidade. Na realidade, o princípio da prestação de contas é um dos pilares do regime democrático. Ao contrário do que ocorre no absolutismo monárquico, o gestor republicano administra recursos que não são patrimônio particular seu ou de sua família, mas de toda uma coletividade. Ao contrário do tirano que decide arbitrariamente e não se sujeita a nenhum controle institucional, o gestor democrata precisa divulgar cada um de seus atos e justificar sua motivação.

O princípio da prestação de contas é de tal relevância que na Revolução Francesa, de 1789, foi inserido como um dos direitos fundamentais no artigo 15 da Declaração dos Direitos do Homem e do Cidadão. Posteriormente, em 1807, a França instituiu o primeiro Tribunal de Contas da Era Moderna. Na elaboração da Constituição dos Estados Unidos, os artigos federalistas enfatizaram a necessidade de um sistema de freios e contrapesos para que nenhuma autoridade ficasse imune a uma forma de controle externo.

Do mesmo modo, nossa primeira Carta republicana consagrou o Tribunal de Contas da União como o órgão responsável pelo julgamento das contas dos administradores públicos. Na Constituição de 1988, esse princípio foi ainda mais prestigiado, tanto com a ampliação das atribuições dos Tribunais de Contas como com o seu enunciado expresso no parágrafo único do artigo 70: "prestará contas qualquer pessoa física ou jurídica, pública ou privada, que utilize, arrecade, guarde, gerencie ou administre dinheiros, bens e valores públicos ou pelos quais a União responda, ou que, em nome desta, assuma obrigações de natureza pecuniária". Tal obrigação estende-se também aos gestores estaduais e municipais.

O dever da prestação de contas da Administração Pública foi elevado pelos constituintes de 1988 à categoria de um dos princípios constitucionais, cuja garantia de observância constitui um dos motivos que justificam a intervenção da União nos estados e no Distrito Federal (art. 34, VII) ou dos estados nos seus municípios (art. 35, II). Conclui-se que a prestação de contas constitui um princípio republicano e democrático, sensível e de alta relevância.

Ademais, a omissão na prestação de contas caracteriza-se como ato de improbidade administrativa que atenta contra os princípios da Administração Pública, previsto no art. 11, VI, da Lei nº 8.429/1992, além do que não prestar contas constitui crime de responsabilidade do Prefeito, previsto no art. 1º, VI e VII, do Decreto-Lei nº 201/1967. A prestação de contas é um dos mais importantes instrumentos de transparência da gestão fiscal estabelecidos pela Lei de Responsabilidade Fiscal no seu art. 48.

Assim, não deveria causar surpresa a decisão do Tribunal de Contas de Mato Grosso de solicitar ao Chefe do Poder Executivo estadual a decretação de intervenção naqueles municípios cujos prefeitos foram omissos no cumprimento desse dever republicano. Em 2018, a omissão na prestação de contas relativa ao exercício de 2017 conduziu à emissão de diversos pareceres prévios contrários e consequentes pedidos de intervenção em municípios mato-grossenses. O fato é ainda mais lamentável pois se refere ao primeiro ano de gestão dos prefeitos eleitos em 2016. Em vez de iniciarem suas gestões buscando o aprimoramento das políticas públicas, tais mandatários retrocederam e, por incompetência, descaso ou qualquer outro motivo, foram incapazes de enviar suas prestações de contas ao TCE, violando frontalmente a Constituição.

É oportuno assinalar que a prestação de contas não é feita ao TCE, mas à sociedade, sendo o TCE apenas o órgão constitucionalmente incumbido de receber e analisar a documentação enviada, cabendo ao Poder Legislativo o julgamento das contas de governo.

Ao manifestar-se pela intervenção estadual quando constatada omissão na prestação de contas municipais, o TCE-MT cumpriu o seu dever republicano, zelando pelo respeito à Constituição e à democracia.

Publicado originalmente em *A Gazeta*, em janeiro de 2019.

FICHA LIMPA NOS TRIBUNAIS DE CONTAS

Finalmente o Supremo Tribunal Federal decidiu que é constitucional a Lei da Ficha Limpa. E mais: a Ficha Limpa já vai valer nas eleições municipais de 2012 para prefeitos e vereadores.

Com isso, aumenta muito a responsabilidade dos Tribunais de Contas no julgamento das contas apresentadas pelos gestores públicos. De fato, a lei aponta como um dos motivos de inelegibilidade de um cidadão a rejeição das contas sob sua responsabilidade por órgão colegiado, desde que caracterizado ato doloso de improbidade administrativa e que não caiba mais a apresentação de recursos.

Em recente Sessão do Pleno do Tribunal de Contas de Mato Grosso, o tema foi objeto de diversos comentários. De um lado, registrou-se que o TCE deve adotar postura ainda mais prudente, pois, ao condenar como irregulares, por exemplo, as contas de um presidente de Câmara Municipal, a Corte estaria na prática inviabilizando uma eventual reeleição no mandato, ou mesmo uma candidatura a prefeito. Em tal perspectiva, o julgamento pela irregularidade das contas somente deveria ocorrer quando a volume e a gravidade das irregularidades fossem avassaladoras.

Por outro enfoque, é relevante assinalar que são os gestores de recursos públicos que precisam redobrar a prudência na correta aplicação dos recursos públicos, exatamente para evitar a ocorrência de irregularidades que conduzam a um julgamento negativo de suas contas e a consequente inelegibilidade.

Na realidade, os dados mostram que o TCE-MT tem sido comedido na condenação de gestores. Em relação ao exercício de 2010, cujas contas foram julgadas em 2011, dos 141 pareceres prévios relativos às contas de governo dos prefeitos, apenas 14, ou 10% foram contrários. No que concerne às contas de gestão de prefeitos, a proporção de contas irregulares foi de 6%; e para os presidentes de Câmaras, foi de 15%. Registre-se que a apreciação de recursos pode eventualmente reduzir esses percentuais.

O objetivo da Lei da Ficha Limpa não foi o de suavizar o julgamento dos Tribunais de Contas, mas o de penalizar politicamente os responsáveis por irregularidades na gestão dos recursos públicos. A Lei da Ficha Limpa surgiu do clamor popular contra a corrupção e a improbidade administrativa, bem como a busca do abrigo da imunidade parlamentar para contraventores e criminosos. Tal vontade, referendada pelo Congresso e pelo STF, deve ser respeitada.

É também importante assinalar que a decisão pela inelegibilidade não é do Tribunal de Contas, mas da Justiça Eleitoral. O Tribunal de Contas julga as contas de gestão, assim como as Câmaras Municipais julgam as contas de governo. Somente se tais julgamentos forem negativos, competirá à Justiça Eleitoral a aplicação da Lei da Ficha Limpa, impedindo o registro de candidaturas dos gestores condenados, pelo prazo de oito anos após a data da decisão.

Publicado originalmente em *A Gazeta*, em abril de 2012.

CONTAS PÚBLICAS E CONTAS DE CAMPANHAS ELEITORAIS

É muito comum haver confusão entre contas públicas e contas de campanhas eleitorais. O noticiário recente informa que o Tribunal Superior Eleitoral irá em breve julgar as contas da última campanha presidencial, sob suspeita de ter utilizado recursos oriundos de esquemas de corrupção na Petrobras e em outras estatais, podendo até mesmo, em caso de rejeição, cassar o mandato dos eleitos. Inúmeros amigos e alunos me indagam: afinal, não é o Tribunal de Contas quem julga as contas dos gestores?

Assim, é preciso esclarecer que temos no Brasil três tipos de julgamento de contas: as contas de governo, as contas de gestão e as contas de campanhas eleitorais.

As contas de governo, de responsabilidade do Chefe do Poder Executivo, são julgadas pelo Poder Legislativo, com base em parecer prévio elaborado pelo Tribunal de Contas. Por exemplo, em relação às contas de governo da presidente da República do exercício de 2014, o Tribunal de Contas da União votou, por unanimidade, parecer prévio recomendando ao Congresso Nacional a sua rejeição, em virtude da comprovação de gravíssimas irregularidades na gestão fiscal e orçamentária. Todavia, até o presente, referidas contas não foram julgadas pelo Congresso.

As contas de gestão são julgadas pelos Tribunais de Contas. Em Mato Grosso, são mais de 400 órgãos sujeitos ao julgamento de suas contas pelo TCE, como Secretarias de Estado, Prefeituras, Câmaras Municipais, Fundos Previdenciários, entidades da Administração indireta, etc.

Por fim, as contas de campanhas eleitorais são julgadas pela Justiça Eleitoral.

A diferença existe porque as contas de governo e de gestão envolvem recursos públicos, cuja aplicação exige obediência às normas do direito constitucional, financeiro, administrativo e previdenciário. O mesmo se aplica aos processos de tomadas de contas especiais. De outro lado, as contas de campanhas eleitorais envolvem recursos de natureza privada, obtidos pelos partidos e candidatos por meio de doações de seus simpatizantes. Seu julgamento considera a observância da legislação eleitoral, que estabelece limites para doações, vedações para determinados usos, regras e prazos para apresentação de comprovantes, entre outras.

Naturalmente, há diversas situações em que decisões dos Tribunais de Contas repercutem na esfera eleitoral e vice-versa. Com a Lei da Ficha Limpa, por exemplo, o gestor que tiver suas contas de gestão reprovadas pelo Tribunal de Contas torna-se potencialmente inelegível e sua candidatura, caso aprovada em alguma convenção partidária, não deve ser registrada pela Justiça Eleitoral.

O fortalecimento da democracia exige o aprimoramento do processo eleitoral. Tribunais de Contas e Justiça Eleitoral devem trabalhar juntos para orientar os partidos e pretendentes a candidatos, e esclarecer os cidadãos para que tenhamos eleições limpas, que propiciem a escolha de governantes e legisladores qualificados para o exercício da nobre função de representantes do povo.

Publicado originalmente em *A Gazeta*, em maio de 2016.

A LISTA DOS INELEGÍVEIS

Até o início de julho do ano em que se realizam eleições, os Tribunais de Contas de todo o Brasil devem encaminhar à Justiça Eleitoral a relação daqueles que tiveram suas contas julgadas irregulares nos últimos oito anos. De acordo com a Lei da Ficha Limpa, cabe à Justiça Eleitoral decretar a inelegibilidade dessas pessoas. Assim, mesmo que venham a ser indicadas em convenções partidárias, suas candidaturas não poderão ser registradas. Em 2012, a lista do TCE-MT continha 362 nomes e a do TCU para 2014, já divulgada, tem mais de 6.500 nomes de todo o país, sendo 212 de Mato Grosso.

O tema tem sido objeto de muitas dúvidas interpretativas. Um excelente trabalho do Conselheiro Caldas Furtado do TCE-MA consolidou a jurisprudência existente no país, sendo que merecem destaque alguns tópicos a seguir apresentados.

As contas irregulares suscetíveis de gerar inelegibilidade não são apenas as contas anuais de governo julgadas pelo Legislativo com base em pareceres prévios emitidos pelos TCs, mas também as contas anuais de gestão julgadas pelos próprios TCs e as prestações de contas de convênios de transferências voluntárias. Isso significa que determinado gestor, por exemplo, um ex-prefeito, pode ter tido suas contas de governo aprovadas pela Câmara Municipal, mas, se as suas contas de gestão ou as de um convênio que celebrou foram julgadas irregulares pelo TCE ou pelo TCU, estará sujeito à hipótese de inelegibilidade.[9]

A rejeição das contas quando há omissão na sua prestação também é suficiente para tornar o responsável inelegível, mesmo que não tenha sido comprovado dano ao erário. Outra possibilidade é o desvio

---

[9] Esse entendimento mudou a partir do julgamento pelo STF do RE nº 848.826, como será explicado no próximo artigo.

de finalidade de recursos de um convênio, mesmo quando se demonstre que os valores foram aplicados em outra área da gestão pública. Ainda que o TC não tenha apontado a ocorrência de improbidade administrativa e mesmo que o Ministério Público não tenha proposto ação civil pública, remanesce a inelegibilidade pelas contas irregulares.

Entre outras irregularidades que deram causa à inelegibilidade estão: contratação de pessoal sem concurso, fraudes em licitações e desvio das contribuições previdenciárias.

Além dos agentes públicos, também serão inelegíveis os particulares, por exemplo, dirigentes de organizações contratadas pelo Poder Público que tenham sido considerados responsáveis solidários na prática de irregularidades que tenham causado danos ao erário.

De outro lado, eventuais multas ou outras sanções aplicadas pelos TCs fora de processos de contas não causam repercussão na esfera eleitoral.

O prazo de oito anos é contado a partir do trânsito em julgado da decisão condenatória. Isso ocorre quando é julgado eventual embargo ou recurso ordinário contra a decisão original ou quando expirado o prazo para a sua apresentação. O Tribunal Superior Eleitoral decidiu que mesmo que o TC conceda liminar com efeito suspensivo em recurso de rescisão, a inelegibilidade não é afastada. Assim, por exemplo, irregularidades cometidas em 2004, cujo julgamento reprobatório ocorreu em 2005 e cujo trânsito em julgado transcorreu a partir de 05 de outubro de 2006, são geradoras de inelegibilidade para o pleito de 2014. Ao contrário, não podem constar da lista e são elegíveis os gestores condenados nas contas relativas a 2011 ou 2012 cujos recursos ainda não foram apreciados de forma definitiva.

Outro ponto relevante é que mesmo o recolhimento aos cofres públicos de restituição que tenha sido imputada ou a quitação de multas aplicadas não retiram a condição de inelegibilidade.

Por último, frise-se que não são os Tribunais de Contas que decidem sobre a inelegibilidade. As Cortes de Contas deliberam tecnicamente acerca das irregularidades constatadas no exercício da fiscalização contábil, orçamentária, financeira, patrimonial e operacional da Administração Pública, e organizam a lista de quem teve suas contas reprovadas. Quem nega o registro de candidaturas é a Justiça Eleitoral.

Publicado originalmente em A Gazeta, em junho de 2014.

STF, FICHA LIMPA E TRIBUNAIS DE CONTAS

O mundo jurídico e o mundo político foram surpreendidos com a decisão adotada pelo Supremo Tribunal Federal no julgamento com repercussão geral do RE nº 848.826. Em breve síntese, o STF entendeu que os julgamentos pelos Tribunais de Contas pela irregularidade das contas de gestão de prefeitos não produzem efeito de inelegibilidade, como prescreve a Lei da Ficha Limpa, devendo tais juízos serem referendados pelas respectivas Câmaras de Vereadores.

Até então, prevalecia o entendimento de que o julgamento pelos Tribunais de Contas das contas de gestão de prefeitos ordenadores de despesas ensejaria a sua inelegibilidade, nos termos do art. 1º, I, "g" da Lei Complementar nº 64/1990 (Lei das Inelegibilidades), com a redação dada pela Lei Complementar nº 135/2010 (Lei da Ficha Limpa). Segundo o dispositivo, são inelegíveis aqueles que "tiverem suas contas relativas ao exercício de cargos ou funções públicas rejeitadas *por irregularidade insanável que configure ato doloso de improbidade administrativa, e por decisão irrecorrível do órgão competente,* salvo se esta houver sido suspensa ou anulada pelo Poder Judiciário, para as eleições que se realizarem nos *8 (oito) anos* seguintes, contados a partir da data da decisão, aplicando-se o disposto no inciso II do art. 71 da Constituição Federal, a todos os ordenadores de despesa, sem exclusão de mandatários que houverem agido nessa condição". É com fulcro nessa norma que os Tribunais de Contas elaboram as listas de gestores com contas julgadas irregulares e as encaminham à Justiça Eleitoral, a quem compete registrar, ou não, as candidaturas.

A surpresa com a nova interpretação prende-se ao fato de que, na semana anterior, o Relator da matéria, Ministro Luis Roberto Barroso, apresentou voto muito bem fundamentado no sentido oposto, isto é, explicitando que a condenação pela irregularidade das contas em julgamento colegiado das Cortes de Contas era sim motivo de inelegibilidade.

Em seu voto, o Ministro Barroso seguiu a própria jurisprudência do STF que, ao apreciar Ação Direta de Inconstitucionalidade – ADI nº 4.578 contra a Lei da Ficha Limpa, considerou a norma integralmente constitucional, mesmo resultado das Ações Declaratórias de Constitucionalidade – ADCs nºs 29 e 30.

Assim, a nova decisão é contraditória, não apenas com o julgamento das referidas ADI e ADCs, mas com diversas outras manifestações da Corte Suprema, a exemplo da ADI nº 3.715 e das Reclamações nº 13.965 e nº 15.902.

É certo que a decisão produzirá efeitos diretos, imediatos e devastadores já nas eleições municipais. Isso porque poderão ser registrados como candidatos centenas de prefeitos de todo o Brasil, condenados por graves irregularidades na aplicação dos recursos públicos, caracterizando atos de improbidade, em completa afronta ao espírito da Lei da Ficha Limpa, resultante, como se sabe, da mobilização de milhões de brasileiros inconformados com a corrupção e os desmandos na Administração Pública. Ainda que as Câmaras Municipais se dispusessem a ratificar todas as decisões condenatórias do TCU, TCEs e TCMs, não haveria tempo hábil para fazê-lo antes do prazo de registro das candidaturas. Apenas para contextualizar: em 2014, 84% das declarações de inelegibilidade pela Justiça Eleitoral foram motivadas pela reprovação das contas pelos TCs.

O resultado da mal inspirada decisão produz ainda outras aberrações jurídicas. Um exemplo: se pelo mesmo motivo foram condenados solidariamente o prefeito e o secretário de saúde, o secretário, que é subordinado, continuará ficha-suja e inelegível, enquanto o prefeito, que é o principal responsável, passa a ser ficha-limpa e elegível até que a Câmara Municipal delibere novamente sobre o tema. E se a Câmara inocentar o prefeito, as penalidades pecuniárias aplicadas, como a restituição de valores ao erário, ficarão apenas sob a responsabilidade do subordinado?

Outro exemplo: o prefeito que geriu incorretamente um orçamento de R$300 milhões e foi condenado pelo TCE é elegível, mas outro, que aplicou indevidamente recursos de um convênio federal de R$300 mil, e por isso foi condenado pelo TCU, continua inelegível, pois a decisão do STF menciona apenas as contas de gestão e não as tomadas de contas especiais.

Observou-se, na sessão de julgamento, que há alguma incompreensão acerca das competências constitucionais dos órgãos de controle externo e do seu papel fundamental no funcionamento do Estado Democrático de Direito, especialmente a distinção entre as competências previstas nos incisos I e II do art. 71 da Carta Magna: apreciar as contas de governo mediante parecer prévio submetido a julgamento pelo Legislativo e julgar as contas de gestão dos administradores e demais responsáveis por dinheiros, bens e valores públicos da Administração direta e indireta, incluídas as fundações e sociedades instituídas e mantidas pelo Poder Público federal, e as contas daqueles que derem causa a perda, extravio ou outra irregularidade de que resulte prejuízo ao erário público.

Houve até quem expressasse a impropriedade de que o Tribunal de Contas é mero "órgão auxiliar" do Poder Legislativo, desconsiderando que essa formulação foi expressamente derrotada na Assembleia Constituinte de 1988, que prestigiou as Cortes de Contas como órgãos de extração constitucional, com autonomia e independência, como bem leciona o ex-ministro Ayres Britto, cuja inteligência e cultura jurídicas abrilhantaram o STF.

A referida decisão prevaleceu por mínima maioria, de seis votos contra cinco, o que alimenta a esperança de que em breve a matéria possa ser reexaminada e o equívoco corrigido.

Publicado originalmente em *A Gazeta*, em agosto de 2016.

O CASO DAS OSCIPs

As Organizações da Sociedade Civil de Interesse Público, conhecidas como OSCIPs, têm sido objeto de grande polêmica, a partir de um conjunto de decisões do Tribunal de Contas de Mato Grosso. Poderosos interesses políticos e econômicos têm sido contrariados e criticam duramente tais decisões e os conselheiros substitutos que foram os seus relatores. Assim, considero oportuno apresentar algumas ponderações sobre o tema.

As OSCIPs surgiram no direito brasileiro há vinte anos, com a edição da Lei nº 9.790/1999. De acordo com a norma, podem qualificar-se como OSCIPs as pessoas jurídicas sem fins lucrativos, cujos objetivos sociais incluam, entre outros, a promoção gratuita da saúde, da educação, da assistência social e a defesa do meio ambiente, mediante a execução direta de projetos, e programas, por meio da doação de recursos físicos, humanos e financeiros, ou ainda pela prestação de serviços intermediários de apoio a órgãos do setor público que atuem em áreas afins. Não se confundem com cooperativas, fundações ou Organizações da Sociedade Civil (OSC).

Entre outros dispositivos legais está expresso que a OSCIP deverá adotar práticas de gestão administrativa, necessárias e suficientes a coibir a obtenção de benefícios ou vantagens pessoais, em decorrência da participação no respectivo processo decisório; bem como prestar contas aos órgãos de controle de todos os recursos e bens de origem pública recebidos.

Uma vez obtida a qualificação pelo Ministério da Justiça, a OSCIP poderá celebrar termo de parceria com o Poder Público para o fomento e a execução das atividades de interesse público. Os termos de parceria deverão estabelecer programas de trabalho, metas e resultados e a sua execução será acompanhada e fiscalizada por órgão do Poder Público da área de atuação correspondente à atividade fomentada, e pelos Conselhos de Políticas Públicas das áreas correspondentes de atuação. A Lei nº 9.790/1999 foi regulamentada pelo Decreto nº 3.100/1999, que definiu como benefícios ou vantagens pessoais que são vedados aqueles obtidos pelos dirigentes da entidade e seus cônjuges, companheiros e parentes ou pelas pessoas jurídicas das quais esses sejam controladores ou detenham mais de dez por cento das participações societárias.

Foi somente a partir de 2018, com a reestruturação de sua área técnica e a criação de unidades especializadas, que o TCE-MT passou a fiscalizar efetivamente os termos de parceria celebrados com as OSCIPs e que alcançam dezenas de milhões de reais anualmente. De plano, foram constatadas inúmeras irregularidades como a ausência de definição de metas e de adequado acompanhamento da execução dos planos de trabalho, a não observância de regras de publicidade e transparência, entre outras.

Ademais, foi constatado o pagamento irregular de "taxas de administração" em percentuais de até 35%. Ora, referida taxa é ilegal, pois eventuais despesas administrativas devem ser previstas no plano de trabalho e ressarcidas apenas mediante comprovação. Somente uma prefeitura desembolsou mais de R$10 milhões com essa taxa.

Outro grave problema observado foi que algumas OSCIPs repassavam vultosas somas em contratos de consultoria para empresas de propriedade de seus dirigentes e parentes.

Finalmente, foi apontado que, em alguns casos, os termos de parceria com as OSCIPs estavam sendo utilizados para contratação de pessoal sem concurso público e para burlar o limite de gastos com pessoal fixado pela Lei de Responsabilidade Fiscal.

Diante disso, no ano de 2019, por propostas dos conselheiros substitutos, o TCE adotou nove medidas cautelares, alcançando sete diferentes OSCIPs em 27 municípios, impedindo pagamentos indevidos de muitos milhões de reais, contrariando gente poderosa que nos tem multiplicado ataques de todas as espécies.

Com certeza, há OSCIPs que atuam corretamente e prestam bons serviços. Mas as denúncias de irregularidades continuarão sendo apuradas pelo TCE e serão punidos os responsáveis pelos desvios de recursos dos municípios mato-grossenses.

Publicado originalmente em *A Gazeta*, em novembro de 2019.

CORAÇÃO ROMPIDO

Poucas imagens podem ser tão impactantes quanto a de um coração rompido. De fato, na nossa cultura o coração simboliza não apenas o repositório dos sentimentos mais nobres, mas também o responsável pelo impulso vital. Um coração rompido revela um ser cujo amor foi perdido, traído, acabado. Ademais, um coração rompido indica um organismo cuja vida se esvai e agoniza. O coração rompido é a morte do amor e o fim da existência.

A corrupção é o coração rompido do Brasil. Não apenas simbolicamente. Etimologicamente, a palavra corrupção deriva do termo latino *corruptione*, que é a junção das palavras *cor* (coração) e *rupta* (rompimento).

A corrupção é, portanto, um grande mal que faz sangrar o nosso país e multiplica o sofrimento dos brasileiros.

Sim, porque a corrupção não é apenas um desvio ético, como afirmam alguns, que acusam de moralistas os que a condenam e combatem.

Além de ser um crime previsto no Código Penal e, portanto, uma violação da ordem jurídica, a corrupção provoca prejuízo econômico em larga escala. Os empresários que pagam propinas repassam esses custos aos seus consumidores. Os investidores se afastam desse ambiente, encarecendo o custo de captação de novos recursos e reduzindo a oportunidade de criação de empregos.

A corrupção também compromete a execução de políticas públicas, sacrificando principalmente os setores mais vulneráveis da sociedade. O exemplo mais gritante é na área da saúde. Desde o roubo na compra de ambulâncias às fraudes nas guias de internação; desde as emergências fabricadas para justificar compras sem licitação e superfaturadas até o acúmulo de medicamentos com validade vencida;

desde as terceirizações sem adequada fiscalização até os desvios de equipamentos para clínicas privadas; em toda parte, o que se constata é que a saúde pública poderia estar em muito melhor condição sem gastar um centavo a mais, mas apenas aplicando corretamente os valores que hoje já lhe são destinados.

Assim, é preciso deixar claro que a corrupção mata e que os corruptos na área da saúde são verdadeiros *serial killers*, de alta periculosidade. Por exemplo, no Rio de Janeiro, operações policiais, como a Ressonância e a Fratura Exposta, comprovaram desvios de centenas de milhões de reais da saúde pública.

Crianças em escolas aos pandarecos, enfermos atirados nos corredores de ambulatórios, idosos sem medicação ou assistência, todos são vítimas da destruição que a corrupção acarreta.

Por fim, a corrupção é uma traição à democracia e à Pátria. Quantos não são alçados ao poder e, uma vez investidos de funções de elevada responsabilidade, nelas se locupletam, beneficiando a si próprios, às suas famílias ou grupos de interesses.

Mas é necessário dizer que a corrupção não se limita à compra e venda de votos ou de vagas; não se reduz à propina que impulsiona ou retarda um processo ou uma medida provisória; e não se esgota no maço de notas escondido nas roupas íntimas, acomodado em malas executivas ou transferido eletronicamente para paraísos fiscais.

A irresponsabilidade na gestão fiscal também é corrupção. A ausência de planejamento na gestão pública também é corrupção. A complacência com o desperdício de recursos públicos também é corrupção. A violência contra os mais fracos também é corrupção. A omissão diante da injustiça também é corrupção.

Um dos livros de maior sucesso de Francisco Cândido Xavier tem como título: *Brasil, coração do mundo, pátria do evangelho*. Lançado em 1938, teve muitas dezenas de reimpressões. O título de *coração do mundo*, além de outras considerações espirituais, remete ao formato do território brasileiro que se aproximaria da imagem estilizada de um coração humano.

É esse nosso coração que está rompido e que precisamos recompor, reconectar, reviver, com muito trabalho, amor, respeito ao próximo e democracia.

Publicado originalmente em *A Gazeta*, em julho de 2019.

O BOM COMBATE

O dia 09 de dezembro assinala o Dia Internacional contra a Corrupção. Internacional, sim, porque, ao contrário do que alguns pascácios apregoam, a corrupção não é invenção ou exclusividade brasileira como algo inerente à nossa natureza ou, ainda, uma maldição perpétua que nos tenha sido lançada.

A corrupção é milenar e dela há registro de casos em hieróglifos egípcios, na China Antiga e no Velho Testamento. No célebre *Sermão do Bom Ladrão*, pronunciado perante a corte de D. João IV na Igreja da Misericórdia em Lisboa, em 1655, o padre Antônio Vieira fez uma brilhante, abrangente e atual análise do fenômeno: "Os teus príncipes são companheiros dos ladrões. – E por quê? São companheiros dos ladrões, porque os dissimulam; são companheiros dos ladrões, porque os consentem; são companheiros dos ladrões, porque lhes dão os postos e os poderes; são companheiros dos ladrões porque talvez os defendem, e são, finalmente, seus companheiros, porque os hão de acompanhar ao inferno, onde os mesmos ladrões os levam consigo".

Assim, para desgosto dos insurgentes do velho regime, a corrupção não nasceu com a democracia ou é resultado da Constituição de 1988. O que as evidências históricas e científicas demonstram é que, na contramão do senso comum, a corrupção no Brasil foi muito maior na Colônia e no Império do que na República, e bem maior na ditadura do que na democracia. E será cada vez menor à medida que se fortaleçam as instituições de controle, inclusive os Tribunais de Contas.

Aliás, os Tribunais de Contas evoluíram muito positivamente desde a Constituição Cidadã, quando passaram a recrutar seu corpo de auditores mediante rigorosos e democráticos concursos públicos, que consagram os princípios da impessoalidade e da eficiência. Todavia, para que a qualidade de suas decisões evolua, é necessário que também o seu corpo julgador, de ministros ou conselheiros, tenha um processo de seleção que privilegie a formação técnica especializada, além dos requisitos constitucionais de idoneidade moral, titulação acadêmica e experiência profissional.

De todo modo, a efeméride é útil para conscientizar sobre a importância do combate à corrupção. É interessante notar que, talvez por razões históricas, muita gente bem pensante torce o nariz com o tema. Há quem diga que o discurso pela honestidade na gestão dos negócios públicos não passa de uma manipulação conservadora. Isso é moralismo, dizem, e todo moralista é hipócrita.

Há, sem dúvida, muitos hipócritas, que empunham bandeiras moralizantes e, uma vez no poder, tornam-se campeões de bandalheiras. Mas não é por moralismo que se deve combater a corrupção. É por pragmatismo econômico. Sociedades corruptas são ineficientes. Os custos de transação aumentam, assim como a insegurança jurídica. Não há competitividade ou estímulo à inovação. Seu destino é a estagnação, a concentração de renda e a decadência.

Não é por moralismo que se deve combater a corrupção. É por compromisso democrático. A corrupção atinge o coração do Estado Democrático que é a competição eleitoral. Como as últimas investigações têm comprovado, "Roubar para vencer, vencer para roubar" não era apenas uma ironia, mas uma definição programática que ultrapassou fronteiras geográficas e ideológicas.

Não é por moralismo que se deve combater a corrupção. É porque a corrupção atenta contra os direitos fundamentais. Chico Xavier certa vez declarou que a omissão de quem pode e não auxilia o povo é comparável a um crime que se pratica contra a comunidade inteira. No livro *Corrupção e pecado*,[10] o Papa Francisco, ainda como cardeal, concluiu que a corrupção decorre da incapacidade de amar.

O corrupto é um terrorista que joga bombas em escolas e hospitais. O corrupto é um terrorista que recruta os filhos da miséria para a violência do crime organizado. O corrupto é um terrorista que atenta contra os fundamentos de uma sociedade fraterna, livre e justa.

Combater a corrupção é um bom combate ao qual estamos todos convocados. Como o apóstolo Paulo, guardemos a fé.

Publicado originalmente em *A Gazeta*, em dezembro de 2017.

---

[10] BERGOGLIO, Jorge M. Papa Francisco. *Corrupção e pecado*. 4. ed. Embu das Artes: Ave-Maria, 2015.

A NECESSÁRIA CAUTELA

Somente na primeira sessão do TCE do mês de junho de 2019 foram apresentados votos, determinando a condenação de responsáveis por danos ao erário no montante de R$20,8 milhões. Foram quatro processos, envolvendo obras rodoviárias superfaturadas, contratos com reajustes em índices indevidos na área da saúde e pagamentos por serviços não prestados, entre outras irregularidades. Em tese, após minuciosa apuração, e com a rigorosa observância do contraditório e da ampla defesa, a fiscalização sobre o uso dos recursos públicos produziu um resultado expressivo com a punição de maus gestores e das empresas com eles envolvidas.

Infelizmente, ainda há um longo percurso até que esses valores possam efetivamente retornar aos cofres estaduais. Em dois casos, houve pedido de vistas e a votação ainda não foi concluída. Nos demais, após a publicação do acórdão, existe a possibilidade de interposição de diversos recursos, que podem protelar o trânsito em julgado por dois anos ou mais.

Então, uma vez que a decisão do TCE for definitiva e irrecorrível, começa outra novela.

Caso os responsáveis não recolham espontaneamente o montante atualizado do débito, o que não é frequente, será necessário que a Procuradoria Geral do Estado ingresse com uma ação de execução contra o devedor. A titular da ação é a PGE, porque, nesses casos que citei, a lesão foi contra o estado de Mato Grosso, nas áreas de infraestrutura e saúde. Todavia, a experiência mostra que a PGE não tem obtido resultados significativos sequer na cobrança da dívida ativa, que hoje alcança dezenas de bilhões. Entre 2009 e 2018, a taxa anual de reintegração desses valores foi inferior a 1%. Na esfera municipal, tais índices costumam ser semelhantes, devido à fragilidade da organização da advocacia pública.

Em resumo, mesmo quando o dano ao erário consegue ser constatado e quantificado e os seus responsáveis, por negligência ou má-fé, identificados e julgados, a recuperação do prejuízo é difícil e demorada.

Esse é um dos principais motivos para que os Tribunais de Contas priorizem e intensifiquem ações preventivas, que evitem o desperdício ou desvio de recursos públicos antes que ele seja consumado.

Um dos mais eficazes instrumentos dessa atuação preventiva é a adoção de medidas cautelares.

As medidas cautelares possuem expressa previsão legal e o seu emprego pelos Tribunais de Contas encontra amparo na jurisprudência do Supremo Tribunal Federal.

Todavia, até recentemente, as cautelares não eram muito utilizadas em Mato Grosso. Com efeito, em todo o ano de 2015, foram expedidas apenas 4 decisões cautelares; em 2016, foram 16; e em 2017 o número cresceu para 26. Em 2018, o TCE adotou 43 medidas cautelares. Em 2019, somente até o final de maio, já foram aprovados 44 acórdãos homologando decisões adotadas pelos relatores.

Isso se tornou possível porque o TCE mudou o foco dos seus trabalhos de fiscalização. No modelo anterior, após o encerramento do exercício, as equipes técnicas examinavam os balanços e demais demonstrativos das unidades jurisdicionadas e, quando constatados indícios de não conformidade, deflagrava-se um processo de apuração. Nessa sistemática, eventual prejuízo ao erário somente era detectado ou interrompido bastante tempo após a ocorrência dos fatos. E, como descrito acima, uma vez consumado o dano, a sua recuperação é vagarosa e incerta.

A mudança de enfoque, com a reestruturação da área técnica e a especialização das unidades de controle externo, trouxe a prioridade para a fiscalização simultânea ou concomitante. Com isso, o acompanhamento dos principais atos de gestão se dá de forma tempestiva e permite que importantes decisões preventivas ocorram antes mesmo da conclusão dos certames licitatórios ou da assinatura de contratos. O controle social tem sido um importante aliado, transmitindo ao TCE informações relevantes sobre irregularidades em curso.

Dessa forma, dezenas de milhões de reais estão sendo poupados do desperdício e de superfaturamentos. Importante ressalvar que uma medida cautelar só é proferida diante de sólidos indícios de irregularidades, bem como da urgência na prevenção do dano.

As decisões cautelares que o TCE tem adotado estão incomodando gente poderosa, que tem multiplicado críticas de todas as espécies. É natural, devido à dimensão dos interesses contrariados. Mas a cautela na gestão dos recursos públicos é bem-vinda e necessária.

Publicado originalmente em *A Gazeta*, em junho de 2019.

RETROCESSO HISTÓRICO

É sempre importante, tanto do ponto de vista individual como do coletivo, tirar lições das experiências vivenciadas, de modo a evitar novos erros, corrigir e aprimorar procedimentos e alcançar melhores resultados.

Diversos escândalos de corrupção marcaram os anos 90 no Brasil. O mais importante, sem dúvida, foi o que conduziu ao *impeachment* do então presidente da República, em episódio inédito que assinalou a maturidade das instituições democráticas. Outros eventos marcantes foram o escândalo dos anões do orçamento no Congresso Nacional e o superfaturamento das obras do Tribunal Regional de São Paulo, conhecido como o "caso do juiz Lalau". Assim, naquele momento histórico, integrantes dos poderes Executivo, Legislativo e Judiciário estiveram envolvidos em graves crimes de desvio de recursos públicos.

Entre as medidas que foram adotadas para a proteção do erário, destaca-se a Lei da Improbidade Administrativa, que será objeto de outro artigo. Neste texto, a análise cuidará do tema das obras públicas.

O caso do TRT-SP revelou como uma obra com abundantes indícios de superfaturamento, demonstradas pelas auditorias do Tribunal de Contas da União, continuava sendo beneficiada com milionárias dotações orçamentárias e financeiras, mercê da cumplicidade entre gestores, empreiteiros e parlamentares. Ou seja, mesmo detectado o vazamento, os recursos permaneciam, literalmente, saindo pelo ladrão.

A partir do relatório conclusivo da CPI das Obras Inacabadas, em 1995, a elaboração da Lei de Diretrizes Orçamentárias, e posteriormente da Lei Orçamentária, foi objeto de maior cuidado. O Congresso Nacional passou a exigir do TCU a elaboração de relatórios sistemáticos acerca de irregularidades graves detectadas na contratação e execução de obras públicas custeadas por recursos federais, condicionando a liberação de recursos à correção das irregularidades apontadas. Com isso, buscava-se fechar as torneiras do desperdício e secar as fontes da corrupção.

Para dar conta de tal missão, o TCU e os demais Tribunais de Contas fizeram grande investimento com excelentes resultados. Foram criadas unidades técnicas especializadas em auditorias de obras rodoviárias, de saneamento, de infraestrutura; realizados concursos específicos para auditores com formação em engenharia; desenvolvidas novas ferramentas técnicas e de tecnologia de informação; publicados manuais técnicos; promovidos cursos e eventos de capacitação. Tudo isso viabilizou a realização de milhares de ações de fiscalização, resultando em economia de bilhões de reais para os cofres públicos. O Brasil tornou-se referência internacional no controle externo de obras públicas, e sistemas como o Geo-Obras, desenvolvido pelo TCE-MT, são utilizados em diversas nações.

Tudo isso agora está sob a ameaça de um retrocesso histórico.

Ninguém menos que o ex-presidente cassado por corrupção reaparece, na roupagem de senador, apresentando um pacote de proposições legislativas destinadas a debilitar a atuação fiscalizatória dos Tribunais de Contas e a intimidar seus servidores.

A primeira delas busca retirar dos Tribunais de Contas o poder geral de cautela em relação a contratos administrativos, condicionando a produção de efeitos ao referendo do Congresso Nacional. Ora, o poder de cautela dos TCs é reconhecido pelo STF como decorrência necessária do exercício da jurisdição especializada de contas públicas e do exercício da fiscalização orçamentária, financeira, contábil, patrimonial e operacional.

A segunda visa a coagir a atuação dos auditores dos TCs ao ameaçá-los de responder processos, inclusive de indenizações civis, em decorrência do exercício de suas funções.

Ambas proposições intentam obstaculizar a atuação do controle externo, retirando-lhe efetividade, tempestividade e independência.

Não há dúvida de que o país quer avançar, não retroceder, na luta contra a corrupção, e para isso é preciso derrubar as malsinadas propostas.

Publicado originalmente em *A Gazeta*, em julho de 2013.

RESULTADOS DO CONTROLE EXTERNO

Muitas pessoas não têm informações acerca das atribuições dos Tribunais de Contas. Há quem pense que o TCE deveria mandar prender prefeitos ou outros responsáveis por irregularidades ou desvios na gestão pública e, como isso não acontece, concluem que o Tribunal não está trabalhando direito, seja por incompetência, por preguiça, ou pior, por cumplicidade. Assim, nunca é demais esclarecer qual o papel que a Constituição brasileira atribuiu às Cortes de Contas.

Os Tribunais de Contas são órgãos colegiados que exercem uma jurisdição especial de controle externo da Administração Pública, a saber, a fiscalização contábil, orçamentária, financeira, operacional e patrimonial, quanto aos critérios da legalidade, legitimidade e economicidade. Não integram o Poder Judiciário, nem o Executivo ou Legislativo, sendo considerados órgãos autônomos e independentes.

A primeira função do TCE é opinativa. Cumpre ao TCE elaborar parecer prévio, de natureza técnica, acerca das contas de governo dos Chefes do Poder Executivo – Governador e Prefeitos. Tais contas são objeto de julgamento pelo Poder Legislativo – Assembleia e Câmaras Municipais – que necessitam das informações que o TCE apresenta acerca do cumprimento dos limites constitucionais com gastos em educação, saúde, pessoal, bem como do endividamento, da previdência pública, entre outros. O parecer prévio também informa aos parlamentares e à sociedade os resultados da gestão fiscal e de indicadores de políticas públicas. Embora o julgamento tenha natureza política, todo o seu embasamento técnico é fornecido pelo TCE, que se manifesta de forma favorável ou contrária à aprovação.

O TCE exerce função julgadora em relação às contas de gestão dos administradores de recursos públicos, de todos os Poderes e órgãos, e, ainda, dos que causarem algum dano ao erário, por exemplo, uma ONG que recebeu recursos de um convênio a não os aplicou corretamente. Essas contas de gestão podem ser julgadas regulares ou irregulares.

No julgamento das contas, podem ser feitas determinações legais ou recomendações, caracterizando as funções corretiva e orientadora do TCE. Na corretiva, ele fixa prazos para a adoção de providências necessárias ao saneamento de falhas ou desvios. Na orientadora, o Tribunal apresenta sugestões de medidas que conduzam ao aprimoramento da gestão pública.

Também no julgamento das contas, o TCE exerce sua função sancionadora, aplicando multas aos responsáveis por irregularidades constatadas, determinando a restituição de valores aos cofres públicos na hipótese de dano ou prejuízo, como em casos de superfaturamento, e, ainda aplicando outras penalidades legais, como a declaração de inidoneidade para contratar com o Poder Público, a inabilitação para o exercício de função pública, a indisponibilidade de bens, etc. Todavia, penas privativas de liberdade são reservadas ao Poder Judiciário, nos termos da lei penal.

Outra importante função constitucional do TCE é a realização de auditorias nos órgãos jurisdicionados. Nas fiscalizações, para além de papéis e relatórios, o TCE verifica se as obras foram executadas com a qualidade adequada, se os serviços públicos estão atendendo à população e se a Administração atua corretamente.

No exercício de sua função ouvidora, o TCE recebe denúncias e informações de cidadãos, empresas, associações e sindicatos. Além disso, em sua função informativa, o TCE torna públicos todos os dados disponíveis sobre a receita e a despesa públicas, visando à máxima transparência.

O benefício para a sociedade da atuação do Tribunal de Contas, calculado apenas em recursos economizados ou glosas e multas, atinge várias vezes o seu orçamento. Porém o mais importante, em minha opinião, é a contribuição que oferece para a melhoria da gestão pública, por meio de sua ação preventiva e orientadora. Assim, o TCE é verdadeiro instrumento de cidadania, essencial à vida democrática.

Publicado originalmente em *A Gazeta*, em outubro de 2013.

QUANDO FUNCIONA, INCOMODA

A verdade é que ninguém gosta de ser controlado. As crianças não gostam do controle dos pais. Os alunos contestam o controle dos professores. Os maridos reclamam do controle das esposas e, muito pior, das sogras. Os empregados queixam-se do controle dos patrões. E os governantes não se conformam com o controle dos Tribunais de Contas.

É certo que na vida há controles em demasia, alguns exagerados, outros inoportunos, muitos ineficazes e despropositados. Todavia, há também os que são essenciais: o controle da pressão para os hipertensos, o controle da temperatura para a conservação de alimentos e medicamentos, o controle de qualidade de produtos e serviços, entre outros. Da mesma forma, o controle dos gastos públicos é essencial à democracia.

O controle externo exercido pelos Tribunais de Contas envolve a fiscalização contábil, orçamentária, financeira, patrimonial e operacional da Administração Pública em todas as esferas: União, estados, Distrito Federal e municípios. Onde há despesa pública, tem que haver controle. Trata-se de um princípio basilar da democracia, cuja origem remonta à Atenas do Século de Ouro, 500 anos antes de Cristo. Na sua obra intitulada *Política*,[11] Aristóteles defendia a necessidade de prestação de contas quanto à aplicação dos recursos públicos e de punição para responsáveis por fraudes ou desvios, bem como defendeu a existência de um tribunal dedicado às contas e gastos públicos, para evitar que os cargos públicos enriqueçam aqueles que os ocupem. Hoje em dia, todas as nações democráticas do mundo dispõem na sua organização estatal de uma entidade fiscalizadora superior incumbida de atribuições semelhantes às preconizadas pelo filósofo grego.

---

[11] ARISTÓTELES. *Política*. São Paulo: Martin Claret, 2010.

Dois são os principais clientes dos trabalhos desenvolvidos pelos Tribunais de Contas.

Em primeiro lugar, a sociedade, que recebe informações constantes de relatórios técnicos, elaborados de forma independente e de acordo com rigorosos padrões de qualidade. Os julgamentos de contas frequentemente apontam a existência de irregularidades, atribuem punições aos responsáveis e efetuam determinações e recomendações para a correção de procedimentos. Todo esse conjunto de informações de natureza pública é de grande utilidade para o exercício da cidadania, o desempenho de mandatos legislativos, a mobilização de movimentos sociais, a reflexão e a pesquisa acadêmicas, etc.

O segundo grupo de clientes é composto pelos gestores públicos, que deveriam usar essas mesmas informações para buscar a correção de falhas e a melhoria do seu desempenho administrativo, aprimorando a execução de políticas públicas. Muitas vezes é isso que ocorre, resultando em maior qualidade e efetividade dos programas governamentais e melhor utilização dos recursos públicos. Há gestores que reconhecem a importância dos trabalhos de fiscalização e deles fazem ferramentas de análise crítica e adoção de providências corretivas.

Nem sempre, porém. Infelizmente, ainda se veem gestores que preferem brigar com os números, em vez de com eles aprender preciosas lições. Assim, ainda há os que sonham em governar sem controle, ou com um controle míope, incapaz de identificar suas mazelas, e também mudo, sem condições de comunicá-las aos cidadãos. Ainda há os que conspiram para que os órgãos de controle tenham menos independência técnica e maior subordinação política aos eventuais detentores de poder. Isso explica muitos recentes ataques dirigidos principalmente ao Tribunal de Contas da União.

O fato, caros leitores, é que quanto melhor trabalham os órgãos de controle, mais incomodam os maus gestores. Quando se multiplicam as críticas aos Tribunais de Contas é porque o controle externo está incomodando, ou seja, funcionando e cumprindo o seu papel.

Publicado originalmente em *A Gazeta*, em março de 2013.

O CUSTO DO DESCONTROLE

A cada momento em Brasília surgem propostas de emendas constitucionais, visando a alterar as regras de funcionamento dos Tribunais de Contas, sua competência, forma de composição, etc. Há quem pregue simplesmente a extinção das Cortes de Contas; há quem diga que são inúteis e perdulárias; e há, principalmente, os que, sem ter informações sobre o assunto, abraçam juízos preconceituosos nesse ou naquele sentido. Recentemente, um destacado senador sulista afirmou que o controle externo custava muito caro ao país e citou como exemplo o orçamento do TC de seu estado natal.

Creio que o debate é importante e todas as propostas devem ser examinadas com respeito. Entretanto, para que o debate seja sério e produtivo, é necessário esclarecer e informar corretamente a opinião pública sobre as características das atividades do controle externo exercido pelos Tribunais de Contas.

Primeiramente, sublinhe-se que o controle é tão essencial para a gestão como o planejamento. Todas as grandes organizações privadas, como a Toyota, Microsoft, Bradesco e outras, possuem controladorias internas que monitoram atividades, previnem problemas e geram resultados econômicos significativos.

Na área pública, o controle é ainda mais importante, pois é inerente ao regime democrático. Somente nas ditaduras, os maiorais não precisam prestar contas. Na democracia, os dirigentes eleitos são gestores temporários de um patrimônio que não lhes pertence, mas a uma coletividade, e por isso têm o dever de geri-lo segundo os princípios da legalidade, impessoalidade, moralidade, publicidade e eficiência. Logo, têm que prestar contas à sociedade, por intermédio de um órgão tecnicamente qualificado para o exercício da fiscalização orçamentária, contábil, financeira, patrimonial e operacional. No Brasil, seguindo a tradição latina da Itália, França, Espanha e Portugal, esse órgão técnico tem o formato de Tribunal de Contas.

Assim, ao contrário da crítica ligeira de que os TCs são uma invenção brasileira para abrigar o ócio luxuoso de políticos decadentes, as Cortes de Contas que existem em mais de 50 países e na União Europeia são organismos essenciais na composição de um Estado Democrático. É certo que na França e na Itália a maioria dos magistrados tem origem técnica, o que ainda não ocorre aqui, apesar do avanço registrado na Constituição de 1988.

Outra crítica improcedente é associar a efetividade de um Tribunal de Contas ao número de gestores condenados por irregularidades ou ao volume de multas aplicadas. Isso porque, para o controle, o mais importante é a prevenção, ou seja, evitar que seja praticado o ato de gestão ilegal, ilegítimo ou antieconômico. A prevenção concretiza-se mediante múltiplas ações, desde a expedição de medidas cautelares até atividades de capacitação de gestores e servidores, e ainda a criação de ferramentas digitais para a participação da sociedade, disponibilizando em tempo real informações para os cidadãos e os Conselhos de políticas públicas acerca da execução da receita e da despesa das unidades fiscalizadas.

Sem dúvida, é importante julgar como irregulares as contas de um gestor que afrontou as normas legais e as determinações dos TCs. Também é indispensável condenar à restituição dos valores desviados os responsáveis por desperdícios, sobrepreços ou outros prejuízos ao erário. Tudo isso tem sido feito. Porém, não tenho dúvida de que o maior benefício do controle externo é de difícil mensuração: é o efeito do exemplo, da orientação, da prevenção. O que é caro não é o controle, mas o descontrole.

A realidade é que, quando o controle funciona, incomoda, especialmente aqueles acostumados ao passado, a um controle formal, ritualístico e burocrático, que sempre dizia amém aos poderosos. Para esses, quanto menos técnica e independente for a atuação das Cortes de Contas, melhor. Por isso os TCs têm sido tão criticados: estão vivos, evoluindo e incomodando.

Publicado originalmente em *A Gazeta*, em setembro de 2013.

EXTERNALIDADES DO CONTROLE EXTERNO

Embora quase centenário, o conceito de externalidade nem sempre é considerado no debate de políticas públicas. Naturalmente, essa omissão acarreta consideráveis prejuízos ao processo de tomada de decisões. Conceituadas pela primeira vez pelo professor Pigou, na obra *Welfare Economics*,[12] de 1920, as externalidades são definidas como os custos ou benefícios "externos" ao mercado, isto é, os impactos causados por um produtor ou consumidor em outro produtor ou consumidor, sem uma correspondente compensação monetária. Um singelo exemplo de externalidade negativa: um indivíduo constrói uma casa a tal ponto horrenda que desvaloriza todos os demais imóveis da vizinhança. O exemplo inverso constituiria uma externalidade positiva.

Originalmente, na teoria econômica o conceito foi empregado para analisar as consequências ambientais de atividades empresariais, sendo a poluição apontada como um caso "clássico" de externalidade: um prejuízo imposto à sociedade a partir de decisões individuais destinadas a maximizar o lucro dos produtores. Disso surgiu o princípio do poluidor-pagador, hoje presente na Constituição brasileira e na legislação ambiental de muitos países.

Da economia, o conceito de externalidade foi sendo apropriado por outras ciências sociais, biológicas e exatas, e hoje perpassa quase todos os ramos do conhecimento, inclusive em novas fronteiras de pesquisa, como a economia comportamental. Todavia, especialmente na área pública, quando negligenciadas ou subestimadas, as externalidades comprometem o desempenho de mandatos ou instituições.

Um tema desafiador para a pesquisa e o debate são as externalidades da atuação do controle externo, por exemplo, as decisões

---

[12] PIGOU, Arthur Cecil. *The Economics of Welfare*. 4. ed. London: Macmillan, 1946.

dos Tribunais de Contas. Ao longo de mais de vinte anos de atuação como professor, auditor federal do TCU e hoje Conselheiro Substituto do TCE-MT, pude observar muitos casos de externalidades, tanto positivas como negativas, provocadas por decisões que as Cortes de Contas tomaram.

Há diversos casos em que uma deliberação adotada por um TC em determinado processo, cujos efeitos, em tese, ficariam limitados àquele caso concreto, acarreta um verdadeiro "efeito dominó", não apenas impactando situações pendentes de outros processos relativos a eventos passados, mas também influenciando mudanças comportamentais nos gestores e procedimentais na Administração, e, em decorrência, afetando os resultados futuros das políticas públicas, seja para melhor ou para pior.

Algumas vezes, decisões adotadas em determinado TC inspiram medidas que afetam outras Cortes de Contas e universos de jurisdicionados.

Há situações em que um voto vencido numa deliberação colegiada tornou-se, por força de externalidades, vencedor na realidade social. Explico: aquela determinada tese não foi aplicada no julgamento daquele caso específico, mas os argumentos que a sustentavam eram tão fortes que convenceram outros interessados a modificar sua forma de atuação, gerando um novo padrão de conduta. Em tais situações, a jurisprudência majoritária não moldou uma alteração comportamental, mas foi por ela ultrapassada e caducou.

Igualmente, há casos em que até uma não decisão produz externalidades, em regra negativas. Processos que ficam sobrestados ou se arrastam por longos períodos engendram o aumento da insegurança jurídica e de suspeições de toda espécie, comprometendo a efetividade e a credibilidade do órgão julgador, bem como paralisando ações dos jurisdicionados.

Os limites deste artigo não permitem que eu traga exemplos de cada uma dessas hipóteses de externalidades, mas eles existem em bom número.

Assim, quando se busca avaliar e/ou aprimorar o funcionamento das instituições de controle, a análise não deve se limitar a um exame superficial do número de gestores julgados, da quantidade de horas de auditoria ou do volume de recursos fiscalizados e de penalidades aplicadas. Um debate sério e produtivo exige a identificação e a ponderação das múltiplas externalidades decorrentes da atuação do controle externo.

Publicado originalmente em *A Gazeta*, em janeiro de 2018.

BENEFÍCIOS DO CONTROLE EXTERNO

O senso comum costuma identificar os resultados da fiscalização exercida pelos Tribunais de Contas apenas pela quantidade de gestores condenados e pelo volume de multas aplicadas e de restituições ao erário de recursos aplicados irregularmente. Trata-se de um equívoco. Embora esses sejam indicadores importantes, o mais relevante na atividade de controle não é o número de erros que foram punidos, mas o número de erros que foram evitados.

Costumo insistir nesse conceito porque sei o quanto ele é de difícil compreensão para muitos: a principal missão do Tribunal de Contas não é a de aplicar sanções, mas a de contribuir para a melhoria da qualidade e da efetividade das políticas públicas em benefício da sociedade, mediante atividades de orientação, fiscalização e avaliação de resultados no que concerne à regularidade da aplicação dos recursos públicos.

Posso citar inúmeros exemplos de resultados positivos para a sociedade da atuação fiscalizadora do controle externo.

Quando o TCE exige que as obras públicas observem as normas de acessibilidade para pessoas portadoras de deficiências, está contribuindo para a efetivação de um direito que a Constituição assegura a um importante segmento social. Da mesma forma, quando a Corte de Contas exige que os editais de concursos públicos assegurem parcela de vagas para pessoas portadoras de necessidades especiais.

Quando o TCE fiscaliza se os editais de licitações observam as regras que preveem tratamento diferenciado e preferencial para as empresas de pequeno porte e microempresas, além de zelar pela legalidade dos procedimentos, está contribuindo para o êxito de uma política pública que estimula o empreendedorismo e a geração de empregos.

Quando o TCE passa a cobrar que as obras rodoviárias públicas e outros empreendimentos geradores de significativos impactos ambientais estejam em situação de regularidade no que concerne ao licenciamento ambiental e ao respeito à legislação de proteção ao meio ambiente, está contribuindo para que os objetivos da política ambiental sejam alcançados.

Quando o TCE atua na fiscalização das concessões de serviços públicos contribui para garantir que os direitos dos usuários sejam respeitados, como a garantia do serviço adequado, com continuidade, segurança, regularidade, eficiência e modicidade das tarifas. De igual modo, existem outros exemplos nas áreas de saúde, segurança, educação, etc.

Ademais, quando o TCE adota medidas cautelares suspendendo editais de licitação ou interrompendo pagamentos de contratos superfaturados, está atuando de forma preventiva e emergencial na defesa do erário e de princípios republicanos importantes como a moralidade, a eficiência e a transparência na Administração Pública.

Evidente que os Tribunais de Contas não podem descuidar de sua função sancionadora. É uma questão de justiça punir o mau gestor, incompetente, desleixado, ou desonesto, e exigir o ressarcimento aos cofres públicos pelos responsáveis por danos ao erário. Contudo, é necessário compreender que os benefícios do controle externo para a sociedade são muito maiores que a dimensão das punições aplicadas pelo Tribunal de Contas.

Publicado originalmente em *A Gazeta*, em junho de 2012.

PALAVRAS DE ESPERANÇA

Recentemente fui convidado a assistir à posse de 25 novos auditores da Controladoria Geral do Estado. Compareci de bom grado para aplaudir a iniciativa governamental. O controle interno é uma das atividades mais importantes para o bom desempenho da gestão pública. Tem função essencialmente de orientação para prevenir falhas e aprimorar procedimentos em todas as secretarias e órgãos administrativos. Contribui, e muito, para reduzir custos operacionais e aumentar a efetividade dos investimentos. É exercido exclusivamente por servidores selecionados em rigoroso concurso público. Assim, a decisão de convocar os novos auditores demonstrou coerência, coragem e compromisso com a melhoria da gestão pública mato-grossense.

A gentileza dos organizadores ofereceu-me a oportunidade de falar na cerimônia. Por uma feliz combinação de circunstâncias, quase todos os empossados tinham sido meus alunos, em cursos presenciais ou pela internet, ou tinham estudado pelo meu livro *Controle externo*.[13] Assim, pedindo licença ao governador Pedro Taques e às demais autoridades presentes, dirigi-lhes algumas palavras, não na qualidade de conselheiro substituto concursado do TCE-MT, mas na de professor, exultante e emocionado pelo sucesso dos ex-alunos e futuros colegas. Em síntese, disse-lhes oito frases.

Primeira: nunca deixem de estudar. Leiam muito. Aprendam coisas novas todos os dias. Não se acomodem.

Segunda: todo processo é importante. Mesmo que não seja uma auditoria envolvendo milhões de reais ou mesmo que não renda manchetes na imprensa, cada processo é importante. Por mais simples

---

[13] LIMA, Luiz Henrique. *Controle externo*: teoria e jurisprudência para os Tribunais de Contas. 8. ed. Rio de Janeiro: Forense; São Paulo: Método, 2001.

que seja, a revisão de uma pensão ou a aquisição de uma maca para enfermaria, cada processo é importante, porque, pelo menos para uma pessoa, aquilo que for decidido resolverá um problema, garantirá um direito, corrigirá uma injustiça.

Terceira: façam sempre o melhor. Como cada processo é importante, ele exige o melhor de nosso trabalho. Tenham paixão pelo que fazem, pois a paixão multiplica nossa energia e capacidade.

Quarta: sejam íntegros e não sejam omissos. Nunca assinem um relatório ou documento com o qual não concordem. Nunca omitam fatos ou dados relevantes, por mais incômodos ou delicados. Resistam a pressões explícitas e a insinuações veladas. Sejam íntegros e não sejam omissos.

Quinta: preparem-se para decepções. Numa carreira de muitos anos, elas serão inevitáveis. Haverá momentos de decepção com as chefias, com os colegas e até com nós mesmos. Para minimizá-las ou suportá-las, seguir as demais recomendações.

Sexta: sejam felizes. O trabalho não é tudo. Reservem sempre parte significativa de seu tempo e energia para conviver com suas famílias, seus amores, seus amigos. Melhores pessoas e mais felizes são os melhores servidores.

Sétima: lembrem que nós do controle estamos em dívida. A sociedade brasileira depositou enorme confiança nas instituições de controle, interno e externo, conferindo-lhes, no próprio texto constitucional, importantíssimas responsabilidades e prerrogativas. No entanto, a dimensão bilionária das fraudes contra a Administração Pública, a má qualidade de muitas obras e o desempenho sofrível na execução de políticas públicas em todos os níveis são indicadores de que os controles interno e externo ainda não correspondem plenamente àquilo de que os brasileiros gostariam. Para saldar essa dívida, temos que ser mais efetivos, mais tempestivos, mais assertivos.

Oitava: lembrem sempre quem é o nosso patrão. Nosso patrão é um só, no Executivo, no TCE-MT e em todos os poderes e órgãos. É o povo de Mato Grosso, que nos remunera e a quem, em primeiro lugar, devemos lealdade. Lealdade que se traduz em trabalho dedicado, sério, independente e voltado exclusivamente para o interesse público.

Após a solenidade e algumas fotos com os novos auditores, deixei o Palácio com o coração leve e repleto de esperança no trabalho que poderão realizar por nossa gente.

Publicado originalmente em *A Gazeta*, em maio de 2017.

CONTROLE EXTERNO É ARMA DA DEMOCRACIA

Quando se fala em fortalecimento do controle da Administração Pública, a reação mais comum é negativa, ou, ao menos, desconfiada. Afinal, num país com longa tradição autoritária, a primeira interpretação é de que se está falando de controle pela Administração Pública. Nada mais equivocado. Enquanto instituições como a Receita exercem a fiscalização do Estado sobre atividades de pessoas físicas ou jurídicas, o controle exercido pelos Tribunais de Contas representa uma fiscalização da sociedade sobre os governantes, no que concerne às dimensões operacional, patrimonial, financeira, orçamentária e contábil da gestão dos recursos públicos.

É, portanto, de clareza solar que é de grande interesse dos cidadãos e da democracia que este controle seja cada vez mais tempestivo e efetivo, sólido nos seus fundamentos técnicos e imparcial nos aspectos partidários-eleitorais.

É também bastante evidente que a muitos não interessa que os TCs cumpram adequadamente sua nobre e relevante missão institucional. São os inimigos do controle democrático da Administração. Em outra oportunidade pude descrevê-los: são os gestores incompetentes que não desejam que seu fracasso seja exposto; os gestores corruptos que querem encobrir as próprias falcatruas; e, finalmente, os gestores com alma de tiranos a quem repugna prestar contas e sofrer críticas ao seu desempenho.

A esses, somam-se alguns néscios que, por ignorância política, estribam-se em falhas individuais para pregar a extinção das instituições de controle. Como sói acontecer, utilizam uma verborragia radical para camuflar seu despreparo, servindo como lacaios voluntários dos tiranos, corruptos e incompetentes.

Duas são as estratégias favoritas dos inimigos do controle democrático.

A primeira é a da captura. Significa articular a nomeação de ministros e conselheiros dos TCs comprometidos com interesses de grupos econômicos ou oligárquicos. Busca controlar de fora a própria instituição de controle, para que essa se autolimite no alcance de sua fiscalização, protegendo aliados, aliviando sanções e sacrificando o interesse público.

O ápice dessa estratégia ocorreu no Rio de Janeiro, onde o ex-presidente do TCE confessou a existência de uma associação criminosa por ele mesmo liderada, com a participação de seis dos sete conselheiros, que se converteram em sócios gulosos da quadrilha chefiada pelo ex-governador Cabral. No Rio de Janeiro, a solitária e honrosa exceção foi a única conselheira que tinha origem técnica, previamente aprovada em concurso público, o que ajuda a compreender porque, em tantos estados, os conselheiros substitutos são vistos com desagrado pelos representantes da "velha guarda" e muitas vezes têm suas prerrogativas constitucionais limitadas.

Tal estratégia, contudo, apresenta sinais de exaustão, na medida em que a opinião pública tem acompanhado com maior cuidado os processos de escolha de novos ministros e conselheiros, e conseguido evitar nomeações vexatórias, como a do hoje condenado por corrupção ex-senador Gim Argello, indicado para ministro do TCU sob o patrocínio da ex-presidente da República, de quem foi um dos principais articuladores.

Por isso, a estratégia alternativa tem sido empregada. Trata-se de buscar alterações legislativas ou em entendimentos jurisprudenciais que resultem em redução das competências dos TCs. Os exemplos são inúmeros, com destaque para as propostas de mudanças na lei de licitações que, a pretexto de reduzir formalismos burocráticos, intentam inviabilizar ações fiscalizatórias dos TCs, especialmente com a adoção de medidas cautelares, que nos últimos anos permitiram evitar bilhões de reais de prejuízo em contratos superfaturados ou projetos defeituosos.

O próprio Supremo Tribunal Federal tem sido palco de embates, nem sempre com resultados positivos, como na decisão por seis votos a cinco que mitigou os efeitos da Lei da Ficha Limpa no que concerne à condenação por irregularidades nas contas de gestão municipais.

Em suma, fortalecer o controle externo é bom para a democracia.

Publicado originalmente em *A Gazeta*, em agosto de 2018.

EVANGELHO E CONTROLE EXTERNO

Às vezes me deparo com pessoas bem-intencionadas, porém mal informadas, que confundem as atividades de controle com autoritarismo ou arbitrariedade. Nada mais equivocado, pois o controle é, na sua origem e na sua essência, uma ferramenta da democracia para frear os abusos de poder.

Não nego que há controladores cuja arrogância e distanciamento induz ao equívoco. Esquecem tais indivíduos que os controladores também precisam ser controlados e os tomadores de contas também têm contas a prestar. Na democracia, ninguém está imune ao controle, assim como ninguém está acima da lei. Aliás, a lei também é uma forma de controle, ao estabelecer padrões de condutas obrigatórios (utilizar cintos de segurança) ou proibidos (conduzir veículos em estado de embriaguez) e prever modalidades de sanções aos infratores.

Das inúmeras instâncias de controle com as quais convivemos desde o nascimento, como a família e a escola, uma das mais incompreendidas é o controle da Administração, particularmente o controle externo exercido pelos Tribunais de Contas que, nos termos da Constituição, inclui fiscalizações de cinco naturezas: contábil, orçamentária, financeira, patrimonial e operacional. Não raro, esse controle é visto como mero formalismo ou como preciosismo tecnicista de iniciados em contabilidade pública. Não se lhe reconhece o caráter de instrumento de defesa da sociedade e produtor de informações essenciais para que o parlamento, a cidadania e os próprios gestores possam avaliar o desempenho das políticas públicas; identificar riscos, falhas, lacunas, desperdícios e distorções; adotar medidas corretivas e preventivas; valorizar a aplicação dos recursos públicos; e aprimorar a governança.

Decerto que tal incompreensão é agravada pelo comportamento ímprobo de alguns membros das Cortes de Contas, como no TCE-RJ, que tem seis de seus sete conselheiros titulares afastados judicialmente em virtude de graves denúncias de corrupção. O caso fluminense é um exemplo extremado, mas, infelizmente, não isolado. Todavia, a existência de maçãs podres não justifica o incêndio do pomar, nem minimiza a qualidade nutricional das frutas sadias.

O controle da correta execução orçamentária é garantia indispensável à concretização dos direitos fundamentais, como educação e saúde. O controle da gestão fiscal responsável é providência que assegura tais direitos às futuras gerações, sem amaldiçoá-las com dívidas, déficits e comprometimento de recursos que inviabilizem a realização dos programas que vierem a escolher. Destarte, tais controles não constituem meras verificações de conformidade, mas expressões de solidariedade e respeito ao futuro. Além da legalidade, cabe ao controle externo assegurar a legitimidade e a economicidade na arrecadação de receitas e na execução de despesas.

É interessante notar que, malgrado constitua um dos mais relevantes princípios constitucionais republicanos e, por conseguinte, laicos, a prestação de contas consta dos ensinamentos de Jesus Cristo.

Outro dia, ao realizar o culto dominical do evangelho no lar, revi essa passagem do Evangelho de Lucas: "Muito se pedirá àquele a quem muito se houver dado e maiores contas serão tomadas àquele a quem mais coisas se haja confiado". Em decorrência, quanto maior o poder, a riqueza, a inteligência ou a capacidade confiada à criatura humana, mais se lhe cobrará que utilize tais recursos com sabedoria, pelo bem de seus semelhantes. Por sua vez, no Evangelho de João, Jesus admoesta os fariseus: "Se fosseis cegos, não teríeis pecado". Ou seja, o rigor do julgamento deve ser maior com aqueles que dispõem de maior discernimento para distinguir o certo do errado e de melhores condições para evitar o erro. Lição semelhante também se encontra no Evangelho de Mateus, na parábola dos talentos, em que um senhor decide tomar contas aos seus servidores.

Assim, o princípio da prestação de contas, tão destacado na nossa Carta Constitucional, é também, na sua essência, um princípio cristão.

Publicado originalmente em *A Gazeta*, em agosto de 2017.

O FUTURO DO CONTROLE EXTERNO

Em 2022 o Brasil assumirá por três anos a presidência da Organização Internacional de Instituições de Fiscalização Superior – Intosai, na sigla em inglês. O XXIV Congresso da Intosai será realizado em Brasília e reunirá representantes de mais de 170 países, cujas entidades superiores de controle estão associadas à Intosai. A honrosa escolha é resultante do prestígio internacional adquirido pelo Tribunal de Contas da União ao longo das últimas décadas, não apenas pelo trabalho desenvolvido no país, mas também na coordenação de comitês e ações internacionais de auditoria, com destaque para a área de meio ambiente e a presidência da Organização Latino-americana e do Caribe de Entidades de Fiscalização Superior (Olacefs).

É oportuno destacar que no seio da Intosai convivem dois grandes modelos de órgãos de controle externo: os Tribunais de Contas e as Auditorias Gerais, cuja principal distinção é que os primeiros, em regra, têm uma composição colegiada e vitalícia, bem como competências jurisdicionais e sancionatórias, enquanto as últimas produzem relatórios de auditoria com recomendações. Entre outros países, adotam o modelo de TC: Alemanha, França, Itália, e Portugal, além da União Europeia. O modelo de Auditoria Geral tem origem no Reino Unido e é adotado na Índia, África do Sul, Argentina e Estados Unidos.

Malgrado as peculiaridades de cada país, há um amplo espectro de princípios, normas e técnicas que são comuns a todas as EFS e que se encontram expressas em documentos como a Declaração de Lima (1977), sobre a independência dos órgãos controladores, e a recente Declaração de Moscou (2019), acerca de respostas aos desafios para assegurar a relevância contínua das EFS como instituições de grande valor para a sociedade.

Tais desafios surgem de uma governança em transformação, em cenários impactados pela revolução digital e avanços tecnológicos, bem como pela agudização das crises políticas, econômicas e sociais associadas a fenômenos como as mudanças climáticas globais e as desigualdades.

Esse novo ambiente exige a adoção de novas técnicas e metodologias de fiscalização de políticas públicas focando na sua qualidade e no alcance dos Objetivos de Desenvolvimento Sustentável (ODS) adotados pelos países-membros das Nações Unidas, com o monitoramento da Agenda 2030. Isso implica um redirecionamento estratégico para que as EFS possam ser ágeis, efetivas e relevantes e para que a sua atuação independente agregue valor à sociedade.

Assim, além do incremento na *accountability* (prestação de contas) e na realização de auditorias financeiras, operacionais e de conformidade, o controle externo deverá também atuar em temas como a utilização de inteligência artificial em processos de fiscalização e a disponibilização e abertura de dados, códigos-fonte e algoritmos utilizados pelos governos para a tomada de decisões. Os auditores do futuro deverão ser capazes de trabalhar com análise de dados, ferramentas de inteligência artificial e avançados métodos de análise qualitativa; reforçar a capacidade de inovação; atuar como parceiros estratégicos; compartilhar conhecimento e gerar previsões, reforçando a cooperação e comunicação com a comunidade acadêmica e o público em geral.

Ademais, as EFS podem ampliar o foco de sua atenção à identificação de áreas de risco de interesse nacional e internacional e maior conscientização sobre esses riscos; e à necessidade de gerenciar riscos sistêmicos nos governos.

Finalmente, a Declaração de Moscou destaca que as EFS podem contribuir para a boa governança e para políticas de inclusão nas políticas públicas em áreas socialmente importantes relacionadas aos ODS (meio ambiente, educação, saúde, igualdade de gênero, etc.).

Em todo o mundo, os órgãos de controle externo são reconhecidos como essenciais à democracia e ao aprimoramento da gestão pública. Para honrarmos a escolha do Brasil como sede do próximo Congresso e presidente da Intosai, é necessário que o TCU e os demais Tribunais de Contas evoluam positivamente.

Publicado originalmente em *A Gazeta*, em dezembro de 2019.

Esta obra foi composta em fonte Palatino Linotype, corpo 10
e impressa em papel Offset 75g (miolo) e Supremo 250g (capa)
pela Paulinelli Serviços Gráficos.